Hermann Klencke

Vom Phantastischen Pessimisus zum freudigen Realismus:

Schopenhauer und Spinoza

.

Hermann Klencke

Vom Phantastischen Pessimisus zum freudigen Realismus:
Schopenhauer und Spinoza

ISBN/EAN: 9783337321314

Hergestellt in Europa, USA, Kanada, Australien, Japan

Cover: Foto ©ninafisch / pixelio.de

Weitere Bücher finden Sie auf **www.hansebooks.com**

phant

fre

Schope... ...oza

Ber...

Pessimismus und Schopenhauer

mit Bezug auf Spinoza

als Heilmittel des Pessimismus

von

Dr. Klencke.

Es hat mir immer viel zu denken gegeben, sagt Baron Oldenburg in Spielhagen's Problematischen Naturen, daß der Mensch sich selbst, seine Existenz erst mehr oder weniger vergessen muß, bevor er in den Zustand kommt, den wir in Ermangelung eines andren Wortes mit glücklich bezeichnen, und daß wir ihn um so glücklicher nennen müssen, je tiefer diese Vergessenheit ist. The best of life is but intoxication sagt ·Lord Byron; jawohl, die Liebe, eine Romeo- und Julienliebe, für die man in den Tod geht, wie zu einem heitern Feste, ist auch ein Rausch. Schlafen ist besser als wachen, sagt die Weisheit der Inder, das Beste von Allem aber ist der Tod, und weiter: Hat die schwermüthige Weisheit der Inder Recht? und ist das ganze Menschenleben nur ein ungeheurer Irrthum? Ist es wahr, daß wir zurücksinken können in den Schooß der lieben Mutter Nirwana, der ur= anfänglichen Nacht, wenn wir es nur von ganzem Herzen wünschen? Wer von uns hat denn noch ein ganzes Herz zum Leben und zum Sterben? Richard Wagner sagt in seinem Aufsatze über Staat und Religion: Mit der Conception des Ringes der Nibelungen hatte ich mir unbewußt in Betreff der menschlichen Dinge die Wahrheit gestanden. Hier ist Alles durch und durch tragisch, und der Wille, der eine Welt nach seinem Willen bilden wollte, kann endlich zu Nichts Befriedigenderem gelangen, als durch einen würdigen Untergang sich selbst zu brechen: Des ew'gen Werdens offne Thore Schließ ich hinter mir zu Nach dem Wunsch= und wahnlos heiligstem Wahlland des Weltwerdens Ziel Von Wiedergeburt erlöst zieht nun die Wissende hin. Alles Ew'gen seliges Ende, wißt Ihr wie ich's gewann? Trauernder Liebe tiefstes Leiden Schloß die Augen mir auf, Enden sah ich die Welt. Wuotan von wuot dem griechischen μένος ist der ungestüme Wille, Erda, die Wuotan mit Liebeszauber zwang, ist Schopenhauer's Vorstellung. Wuotan hofft das Ende seines Herrschens, soweit es ein stets gehemmtes

Wollen ist, mit Freude. Aber bei Wagner giebt es eine Lösung des Weltknotens, eine Möglichkeit der Versöhnung, und zwar bietet diese die Gestalt Siegfried's, der höchsten Steigerung des Wollens zum Leben, eine Versöhnung und Verklärung durch die wahre Liebe, die Liebe Brunhild's und Siegfrieds. So wie diese Stellen würden wir leicht aus unsrer bedeutenderen künst=lerischen Litteratur viele anführen können, die direkt mit der Schopenhauer'schen Philosophie congruiren. Ja durch unsre ganze Litteratur, soweit sie mit Herzblut geschrieben ist, nicht aus Hunger fabricirt, geht wie durch unsere Zeit ein Zug tiefen Mißbehagens. Schopenhauer's Pessimismus und naturwissen=schaftlicher Materialismus beherrschen unsre Stimmung. Wir sind aus der Zeit der classischen Produktivität, des großartigen litterarischen Stillebens heraus, lyrisch zu winseln gehört sich nicht für Männer der That, des Kriegs und Parlaments, andrerseits gelingt es uns doch auch noch nicht Männer der That zu sein, weil wir noch nicht die alten Erinnerungen völlig überwinden können. In Deutschland nimmt täglich die Ver=armung zu, es ist fast ein Verbrechen, sich noch mit dem Cultur=luxus der Philosophie und Litteratur zu beschäftigen, und Alle reißt die Nothwendigkeit auf die staubige Heerstraße, in das Gewühl des Marktes. Es hat Jeder alle seine Nerven anzu=spannen, um sich eine Existenz zu erringen und zu erhalten, und ist froh, wenn er sich ein Brosamen Humor erhalten hat, das ihn über Wasser hält. Ueberall dieselbe Klage: Zu viel Menschen, zu wenig Geld, überall Talente und wenig entsprechende Stell=ungen, ein Proletariat der Fabrik und des Geistes, dem gegen=über Fürsten der Bank und ein unzähliges, den Schweiß des Volkes verschlingendes Heer. Die sittlichen Grundlagen des Christenthums aber sind unterwühlt, Niemand der neueren Generation will sich noch von Fabeln und Mythen in Schlaf lullen lassen, das Jenseits ist fast ein Hohn, hier will man sich sein Paradies schaffen und muß mit diesen Gedanken in der Stickluft der Fabrik traurige Tage hinschleppen. Radicale Forscher in Wechselwirkung mit socialistischen Volksbeglückern werfen ihre radicalen Theorien in diese gährende Masse wie Brandfackeln in eine Pulverkammer, das Gespenst des Atheismus und der rothen Republik werfen ihre Schatten vor in die Zukunft, wir scheinen fast an dem Rande eines Bankerottes zu stehen. In Rußland aber hat die Philosophie der Verzweiflung ihren Sitz hinter dem Ofen verlassen und ist zur That, zur Rache, zum Entsetzen vorgeschritten. Was soll werden? Hat sich der alte Continent

abgelebt? Müssen wir unser Auge auf den neuen erwartungs=
voll richten? Wir sehen keinen Ausweg, vor und hinter uns
Nacht. Diese Stimmung treibt heute noch Viele der Schopen=
hauer'schen Philosophie oder ihrer Tochter, der Hartmann'schen,
in die Hände. Mußten wir es doch erleben, daß das System
der Verzweiflung, die Philosophie des Unbewußten, grade
zur Zeit der nationalen Erhebung, als Siegesfest auf Siegesfest
uns umrauschte, siegreich ihren Einzug in das jugendfrische
deutsche Reich hielt und mit Gier verschlungen wurde. So
sehen wir die Schopenhauer'sche Philosophie nicht als ein Werk,
an dem man seinen Scharfsinn üben kann, sondern als ein
Culturelement, dessen Fäden in das geistige Leben des
Volkes weiterverzweigt sind, an, als eine Weltanschauung, der
noch heute viele hoffnungsvolle Jünglinge zum Opfer fallen, als
ein Moment, das da ist, mit dem man rechnen muß, als eine
Gefahr, die überwunden werden muß. Ueberwunden aber kann
sie nur werden durch kritische Prüfung, durch eingehendes Studium
und Widerlegung. Von vornherein müssen wir bedenken, daß
der Pessimismus verhüllt in unsren größten classischen Werken,
Goethe's Faust und Kant's Kritik der reinen Vernunft enthalten
ist. Nehmen wir vom Faust die lebensfrische, nicht vom
Skepticismus angekränkelte Gestalt Gretchens, und die Möglichkeit
einer reinen, himmlischen Liebe weg, und ebenso die ihrer selbst
frohe künstlerische Begeistrung, so gähnt uns das Gespenst der
Verzweiflung an dem Leben, der Verzweiflung an der Erkenntniß
der Wahrheit, in seiner ganzen Nacktheit an, nehmen wir von
Kant den Pflichtbegriff fort, so müssen wir auch dort ein=
sehen, daß wir unwissende traumhafte Geschöpfe, ohne die
Möglichkeit je weiter zu kommen, sind. Der Schopenhauer'schen
Philosophie fehlt nun grade dies Beides genanntes, also mußte
sie wohl der nackteste Pessimismus werden.

Da nun Schopenhauer's Philosophie ganz innig mit seinem
Leben verwachsen ist, so wollen wir von diesem jetzt ein kurzes
Bild geben.

Arthur Schopenhauer, geboren den 22. Februar 1788,
grade einen Monat später als Byron, stammt aus einer alten
angesehenen Danziger Patrizierfamilie väterlicherseits, seine Mutter
ist die bekannte Schriftstellerin Johanne Schopenhauer, die nach
dem Tode des alten Schopenhauer in den litterarischen Kreisen
Weimars Anfang dieses Jahrhunderts eine Rolle spielte und in
regem Verkehr mit allen Celebritäten, wie Goethe, Wieland,
Heinrich Meyer, Falck, Fernow, Riemer, den beiden Schlegel ꝛc.
stand. Im 5. Lebensjahre Schopenhauer's siedelten seine Eltern

von Danzig nach Hamburg über, als die Preußen im März 1793 dem Freistaat Danzig ein Ende machten, und diese Ueber=siedlung ging ganz aus der schroffen, republikanischen Gesinnung seines Vaters hervor. Die geistreiche Mutter, die durch die Ehe mit dem bedeutend älteren Gatten ihr Herz nicht ausgefüllt fühlte, hatte überall geistige Anknüpfungspunkte, und so gehören in die Bekanntschaften der Schopenhauer'schen Familie schon vor der Weimaraner Zeit Klopstock, Tischbein, Baronin Stael, Lady Hamilton, Lady Nelson. In seinem 9. Lebensjahre wurde er von seinen Eltern, die Reisen durch ganz Europa machten, mit nach Frankreich genommen und in Havre 2 Jahre gelassen bei einem Geschäftsfreunde. Schopenhauer war schon frühe für den Kaufmannsstand bestimmt, aber schon in dem 12=jährigen Knaben erwachte das Bewußtsein seiner Bestimmung, eine brennende Liebe zur Wissenschaft. Der Vater sah diese Entwicklung sehr ungern und suchte den Sohn dadurch seinem Plane zu gewinnen, daß er ihn, unter der Bedingung völlig einer gelehrten Laufbahn zu entsagen, eine zweijährige Reise versprach. Schopenhauer folgte dieser Lockung und nun ging eine Reise 1803 und 1804 durch Belgien, England, Frankreich, die Schweiz und Deutschland. 1805 mußte er den Preis seiner Reise lösen, trat in die kauf=männische Lehre in Hamburg, aber der vielleicht freiwillige Tod seines in den letzten Lebensjahren gemüthskranken Vaters befreite ihn aus einer Lage, die allen seinen Neigungen und Anlagen schnurstracks zuwiderlief. Er entschloß sich in seinem 18. Jahre zu studiren und machte in kurzer Zeit glänzende Fortschritte, lernte Lateinisch und Griechisch und erregte durch seinen Geist Hoffnung auf eine große Gelehrtenlaufbahn. Bis jetzt sahen wir fast mit Neid, in Hinsicht auf unser Leben unter dem Krahnen, den jungen Philosophen in seinen Knaben= und ersten Jünglingsjahren fast ganz Europa bereisen, versorgt mit allem Komfort und versehen mit reichlichen Mitteln, um sich keinen Genuß zu versagen, keine Gelegenheit, zu lernen, entgehen zu lassen, sahen ihn in seinem 17. Jahre schon 3 Sprachen be=herrschen und im Besitz einer weltmännischen Bildung; aber wir sehen auch schon die Folgen einer regellosen Erziehung und die Anzeichen eines reizbaren Temperamentes und düstren Charakters. Er geräth leicht in Differenzen und brütet schon gern über das Elend des Lebens. Als er in der Vorbereitungszeit auf die Universität nach Weimar zieht, setzt ihm seine Mutter, ihrer=seits gewiß auch nicht mit liebevollem Takte, auseinander, daß sie nicht in einem Hause wohnen könnten: „Ich habe dir immer gesagt, es wäre sehr schwer mit dir zu leben, und je mehr ich dich betrachte, desto mehr scheint diese Schwierigkeit für mich wenigstens zuzunehmen. Ich verhehle es dir nicht, so lange du bist, wie du bist, würde ich jedes Opfer eher bringen, als mich dazu zu entschließen. Ich verkenne dein Gutes nicht; auch liegt das, was mich von dir zurückscheucht, nicht in deinem Gemüthe, aber im äußern Wesen, deinen Ansichten, deinen Urtheilen, deinen Gewohnheiten, kurz, ich kann mit dir in Nichts, was die Außenwelt angeht, übereinstimmen. Auch dein Mißmuth, deine Klagen über unvermeidliche Dinge, deine finstren Gesichter, deine bizarren Urtheile, die wie Orakelsprüche von dir ausgesprochen werden, ohne daß man etwas dagegen einwenden dürfte, drücken mich und verstimmen meinen heitern Humor, ohne daß es dir etwas hilft, dein leidiges Disputiren, dein Lamentiren über die Dummheit der Welt und das menschliche Elend machen mir schlechte Nacht und üble Träume." Der geistige allerdings fundirte Hochmuth, diese Ansicht aller Menschen, nur von ihrer intellektuellen Seite, verbunden mit der tiefen, aber unerfüllten Sehnsucht nach einer wahren Freundesseele begleiten ihn sein ganzes Leben. In Göttingen ließ er sich zunächst als Student der Medizin einschreiben, aber durch Schulze's (Aenesidemus) Einfluß wurde er der Philosophie gewonnen, die von nun an seine geistige Heimath wurde. Von Göttingen aus schrieb er schon: „Die Philosophie ist eine Alpenstraße, zu der nur ein steiler Pfad über Steine und Dornen führt. Immer einsamer, immer öder wird es, je höher man kommt, und wer ihn geht darf kein Grausen kennen, sondern muß Alles hinter sich lassen und sich den Weg im Schnee selbst bahnen. Oft steht er plötz= lich am Abhange und sieht unten das grüne Thal, dahin zieht ihn der Schwindel gewaltsam hinab, aber er muß sich halten, dafür sieht er bald die Welt tief unter sich, ihre Wüsten und Moräste verschwinden, ihre Unebenheiten gleichen sich aus, ihre Mißtöne dringen nicht hinauf, ihre Rundung offenbart sich, er steht in reiner, kühler Luft und sieht schon die Sonne, wenn unten noch schwarze Nacht liegt." Später ging er nach Berlin, hörte dort Fichte und Schleiermacher, ohne dabei die natur= wissenschaftlichen Collegien, wie Chemie, Physik, Anatomie zu vernachlässigen. Keiner aber von seinen Lehrern gewinnt ihm Hochachtung ab, er begleitet die Collegienhefte mit Randglossen voll Verachtung der jenseits mitgetheilten Weisheit — und doch grade Fichte, der den letzten Realgrund der Welt in den Willen, freilich den moralischen Willen, legte, hat Schopenhauer viel zu verdanken. Nur Kant und Göthe verehrt er von Anfang an und ohne ihnen je wieder untreu zu werden, von den Alten schließt sich seine poetische Natur ganz an Plato an. Merkwürdigerweise zogen ihn neben diesen rein idealistischen Philosophen auch Helvetius und Cabanis mächtig an, und er suchte beide Partheien zu verbinden. So sehen wir hier schon faktisch den Widerspruch in seiner Entwicklung, der in seiner Lehre so auffallend ist, und wenn er nicht in Schopenhauer's zwischen Extremen schwankender und sie zu verbinden suchender Natur begründet wäre, kaum bei einem so scharfsinnigen tiefen Kopfe begreiflich würde, nämlich einmal: die Welt ist Vorstellung, also auch mein Hirn ist Vorstellung, und andrerseits die Cabanis'sche Lehre: Gedanken und Vorstellungen sind Produkte des Hirns. Auch ein wirkliches Deficit seiner Philosophie zeigt sich schon in seinem Studiengange begründet. Er vernachlässigt die juristischen und historischen Studien gänzlich. Geschichte ist ihm keine Wissenschaft, weil ihr der Grundcharakter der Wissenschaft, die Subordination unter allgemeinem Begriffe fehle, sie habe es mit dem Einzelnen und Individuellen zu thun, welches seiner Natur nach unerschöpflich ist. Eine Vervollkommnung des Menschengeschlechts ist ihm höchstens nach der intellektuellen Seite möglich, nicht nach der moralischen, auf die nach dem Zeugniß unsres innersten Bewußtseins Alles ankommt. Er ist hier direkter Gegner Hegel's. Dagegen läßt er der Geschichte die Bedeutung, daß sie die Stelle eines dem ganzen Geschlechte unmittelbar gemeinsamen Bewußtseins antrete, so daß erst vermöge ihr dasselbe zu einem Ganzen, zu einer Menschheit wird. Im Jahre 1813, nach der Schlacht bei Lützen, im wildesten Kriegesgetümmel, zog er sich aus Berlin nach Rudolstadt zurück, um hier seine Promotionsschrift „Ueber die vierfache Wurzel des Satzes vom Grunde" zu schreiben. Seiner beschaulichen Natur war die Aufregung der politischen Begebnisse zuwider, der kriegerische Enthusiasmus, der Jung und Alt vom Denken zu Thaten fortgerissen hatte, lag ihm, wie seinem erhabnen Vorbilde, Göthe, fern. Diese Schrift, von Kant ausgehend und vom Fichte'schen Idealismus beeinflußt, weist nach, wie das Gebiet unsrer Erkenntnisse beruhe als sichrem und einzigen Fundamente auf dem Satze vom Grunde und untersucht nun den Gehalt und die verschiednen Formen dieses Satzes. Obenan steht die Kant'sche Consequenz: Alles, was wir wissen, sind Vorstellungen, deren wesentlicher Charakter ist Objekt für ein Subjekt zu sein, und alle diese Vorstellungen hängen nothwendig gesetzmäßig mit einander zusammen. Es ist unmöglich, eine aus dem Zusammenhange mit der andern herauszureißen. Er ist in dieser Schrift noch Anhänger der Kant'schen Kategorienlehre und räumt der Causalität nur eine exclusive bevorzugte Stellung ein, während sie ja später als die alleinige Form aller Verstandesbegriffe aufgefaßt wird. Der Satz vom Grund tritt nun in der objektiven realen Welt, die wir direkt mit unsren Seelen auffassen, in der Welt des physikalischen Geschehens als Satz vom zureichenden Grunde des Werdens auf; ein Stein fällt in Folge eines Anstoßes 2c. In der Welt unsrer Begriffe, der Vorstellungen von Vorstellungen, die auf der Vernunft beruhen, herrscht der Satz vom Grunde als Satz vom zureichenden Grunde des Erkennens, also z. B. wenn ich aus der Zeit, welche zwischen Blitz und Donner ver= geht, auf die Entfernung des Gewitters schließe. Uebrigens ist er auch hier in Ansehung der Vernunft noch nicht so weit von Kant abgegangen, wie später, wo Schopenhauer Vernunft als nur von Sinnlichkeit und Verstand empfangendes Vermögen auffaßt und die abstrakte Erkenntniß nur als Abbild der an= schaulichen gelten läßt. Die dritte Form ist der Satz vom zu= reichenden Grunde des Seins. Er herrscht im Gebiete der reinen Formen des äußren und innern Sinnes, des Raumes und der Zeit. Hier beziehen sich alle Theile auf einander, ein Prädikat ist der Grund des andren u. v. v. Die Theile des Raumes und der Zeit bestimmen sich gegenseitig im Verhältniß der Lage und Folge. In einem $\triangle$ ist die Summe aller Winkel $= 180^{\,0}$, und weil die Summe aller Winkel $== 180^{0}$, so ist der Außen= winkel $=$ den beiden gegenüberliegenden u. v. v. Hier zeigen sich übrigens schon die Spuren eines weitern Widerspruchs in in seinem spätern System: nämlich Raum und Zeit sind Formen des Intellektes und bedingen als solche die Vielheit, während in seinem Systeme vor Entwicklung des Intellektes zur Höhe des Selbstbewußtseins schon Vielheit da ist. Als die vierte Klasse von Objekten bietet sich das Subjekt des Wollens dar, dessen Vereinigung mit dem Subjekte des Erkennens Schopenhauer das Wunder κατ᾽ ἐξοχήν nennt. Für den Willen nämlich gilt nicht das Gesetz der Causalität, sondern das Gesetz der Motivation, das Gesetz vom zureichenden Grunde des Handelns. In seinem spätern System existirt in dieser Weise ein Grund des Wollens nicht. Hier also ist er noch Anhänger der individuellen Freiheit. Die That geht unmittelbar frei hervor aus dem Subjekte des Wollens. Schopenhauer ist jetzt 26 Jahre alt, mit seinem 31. Jahre erschien sein Hauptwerk: „Die Welt als Wille und Vorstellung." In der eben besprochnen Erstlingsschrift suchen wir vergeblich nach dem einen untheilbaren Willen, dem blinden Triebe, der sich objektiviren will; er ist Idealist vom reinsten Wasser und hütet sich ängstlich mit Begriffen des vorstellenden Bewußtseins über das Bewußt= sein hinauszugehen. Wie er zu der Auffindung seines Dinges an und für sich zu seinem realistischen Willen kam, soll jetzt die weitere Entwicklung lehren. Seine Magisterschrift machte Auf= sehen und wurde in gelehrten Zeitschriften rühmend besprochen. Als Schopenhauer seiner Mutter die vierfache Wurzel überreichte, sagte diese: „Das sei wohl für Apotheker", er aber sprach da= mals schon aus, daß er gedenke, der Philosoph des neunzehnten Jahrhunderts zu werden. Das Verhältniß zu seiner Mutter scheint mir überhaupt für sein ganzes Dasein und Wirken einen wichtigen Aufschluß zu geben. Es war wie mit Byron. Eine leichtlebige, dem Scheine ergebene Frau, sehr talent= und phantasie= voll, die ihren Beruf in was ganz Andrem sah, als in der nimmer rastenden Mutterliebe und Muttersorge, zu der sich ein wundes, krankes Herz flüchten kann, wenn es die Welt verletzt hat und immer Verständniß und Heilung findet. Sie hatte Schopenhauer's Vater nie geliebt und liebte ihren Sohn nur mit dem landläufigen Instinkte des Alten zum Jungen. Als er von Berlin zurück kam und bei ihr eine Zuflucht suchte, fand er seines Vaters Bett von einem Andren eingenommen und so mißliche häusliche Verhältnisse, daß er lange den düstern Schatten, der ihm auf die Seele gefallen war, nicht loswerden konnte. Später aber kam es zu einem heftigen Auftritte, als die leicht= lebige Frau mit dem Familienvermögen so umging, daß Schopen= hauer befürchten mußte, gänzlich mittellos zu werden. Denn er fühlte sich nach seinem eignen Ausspruche zum Erwerbe ganz unfähig, und wußte wohl, daß die nivellirende Welt um ihn gern sich vereinigt hätte, den Lümmel zahm zu machen. In Weimar, wo er den Winter 1813—14 zubrachte, wurde er Göthe persönlich bekannt und befreundet und wurde von dessen Persönlichkeit unwiderstehlich hingerissen. Hier wiederum ein Faden zu dem Gewebe seiner Natur: Er schöpfte den Begriff der Genialität, der eine so große Rolle in seiner Lehre spielt, hier aus unmittelbarer Anschauung. Wäre nicht, sagt Schopen= hauer damals, mit Kant zu gleicher Zeit Göthe der Welt ge= sandt, gleichsam, um ihm das Gegengewicht im Zeitgeiste zu halten, so hätte Kant auf dem Gemüthe wie ein Alp gelegen und es unter großer Qual niedergedrückt. Jetzt aber wirken beide aus entgegengesetzten Richtungen unendlich wohlthätig und

werden den deutschen Geist vielleicht zu einer Höhe erheben, die
selbst das Alterthum übersteigt. Bei Kant der grüblerische Tief=
sinn, bei Göthe die sinnige poetische Anschauung der Natur und
des Lebens und die blühende schöne Sinnlichkeit. Schopenhauer
suchte sie beide zu vereinigen, Pfeffer und Zucker, Rosen in
einem Eichenwalde, bei spartanischer Suppe und trocknem Brode,
feurigen Chierwein und blühende Weiber. Unsre Zeit freilich
starrt einen solchen Menschen, der sein Leben für verfehlt hält,
wenn er es nicht voll anwendet, jene höchste geistige Krone zu
erringen, nach der sich alle Sinne drängen, verwundert an.
Erwerb, Geld, Genuß und wieder Erwerb heißt das Losungs=
wort. Schopenhauer war sein Leben lang das Gelehrtenthum
in seiner vor Gelehrsamkeit unverständlichen Ausdrucksweise, in
seinem Stelzengang und Verkehrtheit lächerlich und verhaßt; er
hielt sich immer mehr an die Weltleute, gemäß seiner Erziehung
und der Hochschätzung der sinnlichen Anschauung, die ihn zur
Naturwissenschaft und Cabanis und Helvetius hingeführt hatte.
In der Verbindung von tiefer spekulativer Anlage und feurigem
Italienerblut scheint er mir Giordano Bruno zu gleichen. Wir
wissen, daß er in Dresden und in Italien mit dem schönen
Geschlecht viel verkehrt hat und oft, wie z. B. in Venedig, lange
in den Banden der Liebe geschmachtet hat. Er schildert selbst,
wie eng die höchste Spannung der Kräfte des Geistes mit dem
Triebe zur Wollust in ihm zusammengekoppelt sei, wie Gehirn
und Genitalien die entgegengesetzten Pole des kräftigsten thätigen
Lebens seien, die eben deshalb leicht in einander umschlagen,
so bald es nur dem Willen gelingt, die Richtung zu ändern.
Später spricht er von der Sinnlichkeit, der starken Lebenslust
und Lebenskraft, dem Willen zum Leben, wie er es nennt, als
dem Reiche der Finsterniß, des Bedürfnisses, des Wunsches, der
Täuschung, des Werdenden und nie Seienden und nur durch
Genialität, d. i. zeitweilig völlig willenlos, zeitweilig nicht
Individuum sein bei hoher Begabung, welche die den Dingen
zu Grunde liegenden platonischen Ideen erkennen läßt, nur durch
Genialität, sage ich, und andrerseits durch Heiligkeit, d. i. völliges
Absterben für den Willen zum Leben (und das letzte ist der
Grundbegriff seiner Ethik) kommt man zum Reiche des Lichtes,
der Ruhe, Freude, Lieblichkeit, Harmonie und Frieden. Schon
hier sehen wir die beiden Begriffe Genialität und Heiligkeit auf=
tauchen, die höchsten Ziele der Menschheit auf intellektuellem
und ethischem Gebiete, nur daß in der stürmischen Jugend der
Begriff der Heiligkeit noch nicht zur vollen Abklärung und

Deutlichkeit gekommen war. Der Begriff der Genialität aber, der Schopenhauer's Leitmotiv das ganze Leben war, war auch das Stichwort jener Zeit voll philosophischer Erregung und künstlerischer Begeisterung, war das Losungswort der romantischen Schule. Was in Wissenschaft, Kunst, Leben es nur Große gäbe, sollte der Dichter wie in einem Brennpunkte sammeln und ein poetisch verklärtes Bild davon geben. Der Dichter gilt für den wahren Normalmenschen, Vereinigung und Durchdringung von Poesie und Leben war das höchste Ziel. Man machte Front gegen die platte Prosa des Lebens, gegen die Nützlich= keits= und Glückseligkeitstheorie und spottete über die kalte Ver= nunft und Moral, und daher hat auch Schopenhauer die Ver= nachlässigung des Pflichtbegriffes. Mit jenen Sätzen der romantischen Schule hängt auch seine Ansicht von dem Philo= sophen als Künstler zusammen, er wollte der Normalmensch sein, der alle Strahlen der Welt in sich aufnimmt und eine neue poetische Welt aufbaut. Dazu stimmt seine eminente poetische Begabung sehr gut. „Seine Rede fließt leicht, klar, anschaulich, er ist voll von treffenden und gut empfundnen Bildern, über= zeugenden Analogien, seine Phantasie ist unerschöpflich, seine Beredtsamkeit versteht metaphysische trockne Gedanken so ein= dringlich vorzutragen, wie ein Dichter die Geheimnisse seines Herzens, seine Deutlichkeit ist gradezu handgreiflich; den Leser, der sich ihm einmal hingegeben und nicht den Ariadnefaden ruhiger kritischer Ueberlegung festhält, nimmt er widerstandslos gefangen und schmeichelt ihn mit derselben Beredtsamkeit in die überstiegenste Mystik, wie in den welt= und menschenkundigsten Skepticismus hinein." Gemäß seiner poetisch=philosophischen auf die Eingebung des Genius wartenden Natur war auch seine Art zu arbeiten. Er sagt von sich selbst, daß er das lebhafteste Anschauen oder tiefste Empfinden, wenn die gute Stunde es herbeiführt, plötzlich und in demselben Momente mit der kältesten, abstraktesten Reflexion übergieße und dadurch erstarrt aufbewahre. Aber es fehlt ihm die Geduld und Besonnenheit, um so eine tiefe Eingebung, so ein innigstes Schauen langsam in ein begriff= lich gut construirtes Gebäude umzusetzen. Das Werk, sagt er, wächst, concrescirt allmälig, wie das Kind im Mutterleibe, ich weiß nicht, was zuerst und was zuletzt entstanden ist. Ich werde ein Glied, ein Gefäß, einen Theil nach dem andern ge= wahr, ich schreibe auf, unbekümmert, wie es zum Ganzen passen wird, denn ich weiß, es ist Alles aus einem Grunde entsprungen. So entsteht ein organisches Ganze, und nur ein solches kann leben. Ich, der ich hier sitze und den meine Freunde kennen, begreife das Entstehen des Werkes nicht, wie die Mutter nicht das des Kindes in ihrem Leibe begreift, und wenn ich nicht so lange lebe, bis die Frucht reif ist, so mögen die unreifen Anfänge der Welt übergeben werden. Dereinst erscheint vielleicht ein verwandter Geist, der die Glieder zusammenzusetzen versteht und die Antike restaurirt." In dieser Art der Conception und in seinem Phantasiereichthum liegt auch der Grund seiner Sub= jektivität, daß ihm persönliche Empfindungen und Erlebnisse sich bald in allgemeine philosophische Begriffe umsetzen. — Bisher haben wir in dem Versuche, die einzelnen Bausteine zu dem Gebäude der Schopenhauer'schen Philosophie im Verfolg seines Lebens aufzuweisen, noch wenig den praktischen Theil seiner Philosophie, die Ethik, berührt. Schopenhauer selbst bekennt sich zu der Ansicht, daß der Sinn und Zweck des Lebens kein intellektueller, sondern ein moralischer sei, die letzte Spitze, in welche die Bedeutung des Daseins auslaufe, sei das Ethische; wie Kant und Fichte sagen: die Welt ist nicht nur ein Traum, sondern der Schauplatz des Seinsollenden. In der Zeit seiner Erstlingsschrift umfaßt er nun diese andre Seite des Menschen neben der in Sinnlichkeit, Verstand und Vernunft befangnen, die das nur Werdende und Vergehende enthält, was das Christenthum Zeitlichkeit nennt, diese andre Seite, des Menschen höchstes, innerstes Wesen und Vermögen, dieses, sage ich, umfaßt er mit dem Namen: Besseres Bewußtsein. Vermöge dieses bessren Bewußtseins ist uns das geheime, wunderbare Vermögen und Sehnsucht eingeboren, uns aus dem Wechsel der Zeit in unser innerstes vor Allem, was von Außen hinzukam, entkleidetes Selbst zurückzuziehen und da unter der Form der Unwandel= barkeit das Ewige in uns anzuschauen. Es giebt da kein Subjekt und Objekt, Nichts meinem jetzigen Bewußtsein Analoges. Die Philosophie soll nun, wie Schopenhauer auseinandersetzt, die Welt des Verstandes und die höhere nicht vereinigen. Nachdem der Philosoph die Duplicität seines Daseins erkannt hat, und es ihm als zwei Parallellinien erscheint, krümmt er diese nicht, um sie zu einer zu vereinigen, sondern, wenn er auch muthmaßt, daß sie an irgend einem Punkte zusammentreffen, geht er in der Erkenntniß beider Arten seines Daseins fort, bringt beide zum hellstem Bewußtsein und wartet ab, ob er auf einen Punkt ge= langt, von dem aus er ihre Vereinigung erkennt. Diese Ver= einigung geschieht in Schopenhauer's System · in dem Willen, der sich die Vorstellung gebiert, die wieder den Willen verneint.

Dieses beſſre Bewußtſein erſcheint theoretiſch als Genialität, praktiſch als Heiligkeit, bei Kant als Moralität. Schopenhauer aber ſetzt die Tugend in Askeſe, das Wollen des Guten und Vernünftigen in Aufhebung des Eigenwillens um, denn wenn ich ſoll, habe ich keinen Eigenwillen mehr, ſchließt er, ſo iſt im ſittlichen Handeln nicht mehr mein Individuum thätig, ſondern es iſt das Werkzeug des Unnennbaren. Der Tugendhafte, ſagt Schopenhauer, handelt, als ob er wollte, aber er will nicht mehr. Man kann ihn dem gezähmten Falken vergleichen, der noch thut, als ob er raubte, doch nicht mehr raubt, ſondern für ſeinen Herrn jagt. Mit dieſen Anſichten und mit ſeinen düſtern, ſchon frühe zu trüben Betrachtungen über das Elend des Lebens aufgelegten Natur lernt er jetzt die Indiſche Philo= ſophie durch Majer in Weimar kennen. Während Göthe ihm ins Stammbuch ſchrieb:

Willſt Du Dich Deines Lebens freuen,
So mußt der Welt Du Werth verleihen;

nährt ſein Dämon ſein allzuempfängliches Herz mit Lehren Buddhas', daß das Daſein Sünde iſt und ein Trugbild, daß durch das Verlangen nach der Exiſtenz und durch Befriedigung in derſelben Schmerz erzeugt wird, Schmerz, der nur durch Aufhören dieſer Befriedigung, durch Aufhören der Exiſtenz endet. Das Einzige, was zu erſtreben iſt, iſt die Nirwana, die vollkommne Befreiung von der Exiſtenz, das Ausgelöſchtwerden wie das Licht der Lampe. — Es war meine vielleicht zu kühne Abſicht in dem Leben unſres Dichter=Philoſophen wie in der Mutterflüſſigkeit, die einzelnen Elemente und Verbindungen vor= zuzeigen, wie ſie dann im günſtigen Momente zu einem Kryſtall= ſyſtem anſchießen. Wir haben einmal von ſeiner regelloſen, aber weltmänniſchen Erziehung, dem unglückſeligen Mangel einer treuen Mutterliebe und ferner einer wahren Freundesliebe gehört, die ihn zu wiederholten Malen tief aufſeufzen ließ: „Jetzt gieb mir eine Seele", wir haben von ſeiner düſtern, zu peſſimiſtiſchen Betrachtungen früh geneigten Natur, wir haben von ſeiner Doppelneigung zur friſchen poetiſchen Sinnesanſchauung und ſeinem in die Tiefe bohrenden ſpekulativen Drange gehört, wir haben ihn in ſeiner Erſtlingsſchrift als rein idealiſtiſchen Kantianer kennen gelernt, dem die Welt nur ſo lange beſteht, als Bewußt= ſein beſteht, wir kennen ſeine vielen naturwiſſenſchaftlichen Studien und wie er Anhänger des Spinozaiſtiſch=Schelling'ſchen Monismus iſt, wir finden ihn als Schüler Plato's und angeregt von dem genial=künſtleriſchen Zug ſeiner Zeit, endlich mußten

wir sehen, wie begierig seine adaequate Natur die düstern indischen
Lehren ergriff von dem täuschenden Schein dieser Welt, der
Maja und der einzigen Möglichkeit, dem Schmerz zu entrinnen
in der Verneinung des Lebensgenusses. Kommt zu diesem Allem
die Entdeckung des Willens als Dinges an sich, so schießt das
zusammen in seinem Werk: „Welt als Wille und Vorstellung",
dessen Abtheilungen sind: 1) Welt als Vorstellung, unterworfen
dem Satz vom Grund, 2) Welt als Wille, Objektivation des
Willens, seine Naturphilosophie, 3) die Platonische Idee, Objekt
der Kunst, 4) Bejahung und Verneinung des Willens. Wir
wollen jetzt noch in Kürze den Gang seines weitern Lebens verfolgen, um dann zu einer kurzen Darstellung seiner Philosophie
selbst überzugehen. In Weimar noch schrieb Schopenhauer,
durch Göthe angeregt, die Abhandlung über das Sehen und
die Farben, in der er die Farben aus der Thätigkeit specifischer
Netzhautelemente, also rein idealistisch erklärt. Göthe gab damals
über ihn das Urtheil ab: Dr. Schopenhauer ist ein bedeutender
Kopf, den ich selbst veranlaßte, weil er eine Zeit lang in Weimar
sich aufhielt, meine Farbenlehre zu ergreifen. Im Frühjahr
1814 siedelte er nach Dresden über und lebte hier in einem
Kreise von Schriftstellern ein glückliches, zwischen einsamer
Spekulation und fröhlichem Lebensgenusse getheiltes Leben ausdrücklich mit dem Zwecke sein System auszuarbeiten. Dies
erschien im November 1818 in seinem 31. Lebensjahre. Und
nach dieser Großthat seines Lebens, womit er der Welt seinen
Tribut entrichtet zu haben glaubte, eilte er nach Italien. Hier
kreuzen sich merkwürdigerweise in Venedig die Wege der drei
größten Pessimisten Europa's, nämlich Lord Byron's, des
Italiener Leopardi's und unsres Philosophen. Wenn Byron
von seinem Leben sagt: Es ist der Ekel mir entstiegen, der mir
aus Allem tritt entgegen, Nicht Schönheit schafft mir mehr
Vergnügen, Dein Blick kann kaum mir Lust erregen, und das
bekannte: „Was zum Teufel hat man eine Welt, wie die unsre,
machen können? In welcher Absicht, zu welchem Zwecke Stutzer
schaffen, und Könige, und Magister, und Weiber von einem
gewissen Alter, und eine Menge Männer von jedem Alter, und
nun vollends mich? Wozu denn?", so nennt der düstre, weniger
launische von ernstem Patriotismus erfüllte Leopardi das Leben
einen Schlaf voll ängstlich wilder Träume. Bekannt ist ja sein
Sterbelied: „Nun wirst du ruh'n für immer, du müdes Herz,
Hin ist der Wahn, der letzte, den ewig ich geglaubt. Er ist
zerronnen. Es schwand für holden Trug mir der Wunsch sogar,

nicht bloß die Hoffnung. Ruhe nun aus für immer. Lange
genug hast du gepocht. Nichts lebte, das würdig war deiner
Regungen, und keine Seufzer verdient die Erde. Bittre Lange=
weile ist unser Sein und Koth die Welt. Nichts Andres.
Beruhige dich. Laß diese Verzweiflung sein die letzte. Kein
Geschenk hat für uns das Schicksal als den Tod. Verachte dich,
die Natur, die dunkle Gewalt, die schnöde uns quält, im Dunkel
herrschend und des Weltalls gränzenlose Nichtigkeit." Aber
unbekannt gingen diese drei Männer, denen der Austausch ihrer
Ansichten vielleicht einige frohe Stunden bereitet hätte, an
einander vorüber, wie einst Lessing und Göthe. Byron wie
Schopenhauer lebten im tollsten Sinnestaumel in Venedig, in
Rom verweilte Schopenhauer vier Monate und auch Neapel
hat er gesehen, und alle diese italienische Zeit scheint für ihn die
an Genüssen reichste, von frischer Lebenslust beglückteste gewesen
zu sein. Aber mitten in diesem sorglosen, durch Verkehr in
einem seiner Jugend zusagenden, gebildeten und fröhlichen
Kreise, traf ihn die Nachricht von dem Bankerott des Danziger
Handelshauses, dem das Familienvermögen zum größten Theil
anvertraut war. Er eilte rasch zurück nach Deutschland, und
konnte wenigstens einen Rest seines Vermögens retten, seine
Mutter und Schwester aber waren völlig mittellos geworden.
Er mußte jetzt in der That darauf denken, das ihm Verhaßteste
zu thun, auf Erwerb auszugehen, und beschloß das Einzige,
was er beschließen konnte, eine Docentenlaufbahn, und wählte
dazu Berlin. Sein Werk hatte nicht das Aufsehen erregt, das
er erwartete. Göthe, dem Schopenhauer das Buch gesandt
hatte als Antwort auf den Spruch: Ob nicht Natur sich doch
zuletzt ergründe, hatte sich sofort hineinvertieft und namentlich
die Klarheit der Darstellung sehr gelobt, aber sein spekulatives
Interesse war doch zu gering, als daß er sein Wort gehalten
hätte: „Nun habe ich für ein Jahr zu lesen." Jean Paul hatte
dithyrambisch geurtheilt: Ein genial=philosophisches, kühnes, viel=
seitiges Werk voll Scharfsinn und Tiefsinn, aber mit einer oft
trost= und bodenlosen Tiefe, vergleichbar dem melancholischen
See in Norwegen, auf dem man in seiner finstern Ringmauer
von steilem Felsen nicht die Sonne, sondern in der Tiefe nur
den gestirnten Taghimmel erblickt, und über welchen kein Vogel
und keine Woge zieht; endlich Herbart von seinem, dem Schopen=
hauer'schen, grade entgegengesetzten Standpunkte des individua=
listischen Realismus aus, hatte eine Recension geschrieben, die
Lob und Tadel mischte, aber der weltumgestaltende Shok blieb

aus. In Berlin hatten damals Hegel und Schleiermacher un=
bedingt die geistige Herrschaft, aber bei dem großen Docirtalente
Schopenhauer's und bei der Anschaulichkeit und Reichthum seines
Systems hätte er gewiß allmälig sich ein volles Auditorium
verschafft, aber er verschmähte von vornherein jeden Umgang
mit seinen Collegen, geschweige daß er sich zu einer erlaubten
Ambition entschlossen hätte, ja er ergoß sogar in seiner Antritts=
vorlesung eine Fluth von Schmähungen auf Hegel und Schleier=
macher. Er hatte in sich ein stolzes Gefühl seines Werthes,
und glaubte, daß der Werth allein genügen werde, ihm den
Sieg zu verschaffen. Armer Schopenhauer! Die redlichen Leute,
die jede Intrigue verschmähen und jede Reclame als Schande
ansehen, wohnen in ungeheizten Mansardenstuben, verkümmert
und vergessen. Ja man will diese Narren nicht sehen, denn sie
erinnern nur daran, daß es noch eine bessere Wahrheit giebt,
als sie jener besternte Mann besitzt, sie erinnern daran, daß aus
einem lieben, guten, für alles Edle glühenden Jünglinge ein
Polonius werden kann, sie erinnern daran, daß in dieser Welt
nur der belohnt wird, der ihr nach ihrer Weise zu dienen weiß.
Das feurige, stolze Herz Schopenhauer's verlor die Gaben, oder
besaß sie nicht, die Einem gewöhnlich als die schönsten alte Leute
auf den Lebensweg wünschen: Demuth und Geduld. Er warf
die Flinte ins Korn und verließ die Universität nach zwei
Jahren. Es folgte eine zweite Reise nach Italien, 1825 ein
erneuter vergeblicher Versuch, und endlich 1831, als die Cholera
Berlin heimsuchte, der Entschluß, sein Leben in Süddeutschland
als Privatgelehrter zuzubringen. Zu seinem Aufenthalte wählte er
Frankfurt und lebte dort bis zu seinem den 1. September 1860
erfolgten Tode unverheirathet und einsam. Alle echten Philo=
sophen, sagte er, seien ledig geblieben, Cartesius, Leibnitz,
Malebranche, Spinoza, Kant. Die großen Dichter aber seien
alle verheirathet gewesen, aber alle unglücklich. Die freie Muse,
welche die Ehemänner ihren Weibern zu erarbeiten den Tag
hinbrächten, brauche der Philosoph für sich und seine Philosophie.
— „Durch die Erfolglosigkeit seiner besten und wirklich großen
Leistung verbitterte sich der von Natur aus mißtrauische und
düstre Mann immer mehr. Die rücksichtslose Offenheit, mit
welcher er die weite Kluft zwischen seiner ganzen Denk= und
Sinnesart und der gemeinen bei jedem Anlasse bewußt werden
ließ, isolirte ihn überall stets von Neuem, jedes Gespräch hinter=
ließ seiner rein theoretischen nur auf Gedanken gerichteten Natur
eine Störung, die ganze Welt erschien ihm mit ihren praktischen

Interessen, ihrem allgemein anerkanntem und gebilligtem Principe
als gemein und jede Berührung mit ihr ließ ihn nur um so
leidenschaftlicher an seine geliebten Todten Kant, Göthe,
Shakespeare, Cervantes, Beethoven anschließen.“ Ein Fremd-
lingsgefühl in dieser Welt, ein unsägliches Heimweh erfüllte
stets dieses stolze, feurige Herz. Er trug ein so hohes, schönes
Ideal von seinem Leben und von Glückseligkeit mit sich herum,
daß er dessen Scheitern an der Wirklichkeit nicht überwinden
konnte und lieber auf den Verkehr mit der Welt verzichtete, als
in die Gefahr gerathen wollte, sich selbst abtrünnig zu werden,
wenn er sich fügte. Fügen aber ist nun einmal das A und O
in dieser Welt, Jeder ist ein Glied in der Kette und muß sich
als solches fühlen, nicht als über der Gemeinschaft stehend.
Unser armer Philosoph hatte zu viel „Vorstellung“, zu wenig
„Willen“, es fehlte ihm die Energie sich durchzukämpfen, er spie
vor Niederträchtigkeiten aus, wo er sie entlarven hätte sollen;
er scheute den gemeinen Interessenkampf mit Leuten, die im ge-
heimen Bewußtsein ihrer Nullität nur immer kämpfen, um
ihren Scheinwerth zu retten, denen jeder große, originelle Kopf
ein Alp ist, der auf ihrer Brust lastet. Daß Einer Minister
ist, daß Einer König ist, das mögen die Menschen wohl aner-
kennen und den Mann zu ihrem Nutzen verwenden, daß aber
jetzt ein armer Teufel kommt und ihnen sagt, er bringe eine
neue Lehre und gar noch diese armseligen Preßkosaken nicht um
Schutz oder Protektion bittet, sondern stolz Anerkennung verlangt
und dabei seine Geringschätzung des armseligen Federviehes
durchmerken läßt, das ist unerhört. Wo und wie sie sonst sind,
ob Feind oder Freund, Gegner oder Parteigenossen, hier eint
sie das gemeinschaftliche Gefühl: Der Mensch muß weg.
Kreuzigt ihn, erschallt es von Neuem, wie es geklungen hat bei
Sokrates, Christus, Johannes dem Täufer, Columbus, Giordano
Bruno u. s. f. bis heute, wo ihnen Bismarck zu groß ist. Ja,
ich glühe voll Verehrung für Größe und habe immer einen
tiefen Schmerz von Jugend an empfunden, wenn die blödsinnige
Schaar über einen mächtigen Mann herfiel mit Knitteln und
Steinen. Bravo! Simson, du begrubst die neidischen Philister
unter den stürzenden Mauern deines schimpflichen Gefängnisses.
Der Mensch edlerer Art, sagt er, glaube in seiner Jugend, die
wesentlichen und entscheidenden Verhältnisse und daraus entstehen-
den Verbindungen zwischen Menschen seien die ideellen, die auf
Aehnlichkeit der Gesinnung, Denkungsart, des Geschmacks, der
Geisteskräfte beruhenden, allein er werde später inne, daß es die

reellen sind, d. h. die, welche sich auf irgend ein materielles
Interesse stützen. Diese liegen allen Verbindungen zu Grunde
und die meisten Menschen haben gar keinen Begriff von anderen
Verhältnissen. Sobald er zu denken angefangen, habe er sich
mit der Welt entzweit gefunden. Im Jünglingsalter sei es ihm
oft bange dabei geworden, denn er habe gemuthmaßt, daß das
Recht bei der Majorität sein werde. Man sieht hier, wie er
gerungen hat und steht gleichsam selbst an dem Scheidewege aller
Menschheit und der großen Grundfrage seines Lebens; soll ich
mich fügen, die Welt benutzen, soll ich meinem Genius folgen
und das Martyrium des Genius' auf mich nehmen? In wem die
Stimme der Wahrheit so laut tönt, daß er bei jedem Versuch,
seinen Pfad zu verlassen, „Verrath und Lüge" von Innen heraus
rufen hört, der folge getrost: Glühender Felsenstein sengt dein
blühendes Fleisch, Schwindelnd an Abgrundes Rand, Dann im
Dickicht verloren stockt dein Fuß, Doch verzage nicht! oder:

> Wem der lichte Strahlengott
> Herz und Sinne hat gebildet,
> Der harrt aus in Druck und Noth,
> Flieht der Liebe üpp'ges Lager.
> Kämpft in Gluth, in Sturm und Eis,
> Hoch den Kopf, mit trutz'gen Waffen,
> Unentwegt gewinnt den Preis,
> Edlem Kämpfermuth beschieden.

— Schopenhauer ist es leider nie gelungen, Sieger zu werden,
weder in dem Kampfe mit der Welt, noch in dem Kampfe mit
sich selbst. Im Kampfe mit der Welt zog er sich in die
Festung: Genialität, im Kampfe mit sich selbst in die Festung:
Heiligkeit zurück. Er wollte keinen Kampf, er wollte nicht laviren
durch alle die Klippen, Tag und Nacht am Steuer sitzen und
ausschauen nach dem hinterlistigen Feinde, dessen Waffen Gemein=
heit und Bosheit sind, er zog sich, statt das Land der Hoffnung
durch Ausdauer zu erreichen, auf eine einsame Insel zurück und
ließ sich im Bewußtsein seines Werthes als Einsiedler, als
närrischen Kauz ꝛc. anstaunen, er verachtete ja die Menschen;
die Heiligkeit aber hat er bei seiner glühend sinnlichen Natur
wohl nie erreicht, sie war ein schönes Ideal auch voll Resignation,
aber schwererer Resignation als die Resignation auf den Umgang
mit Menschen. Und das war sein Leben lang in der disharmonischen
Natur Schopenhauer's die größte Disharmonie, das war der
klaffende Riß zwischen Ideal und Leben, der sich nicht wie bei
großen Dichtern mit den schönen Kränzen der Lebenslust und
des Ruhmes schließen ließ, sondern den Schopenhauer recht

geflissentlich erweiterte und dann aller Welt zurief: Seht, wie elend das Leben, ich soll, ich soll, was ich nimmer kann! So wurde er denn einsam, ein Einsiedler, und diese Einsamkeit verbitterte ihn immer mehr, machte ihn einseitig. Je weniger Anerkennung, desto mehr Eitelkeit und Selbstlob. Warum liegen sonst Verfolgungs- und Größenwahn so hart bei einander? Die Ungerechtigkeit wird bald beiderseits, die Welt giebt zu wenig, der Andre will zuviel. Schopenhauer verlor seinem Werk gegenüber die kühle Besonnenheit und Kritik, erhob sich zu wenig darüber, um Schwächen und Mängel zu bessern, suchte nur, jeden neuen Gedanken, jede neue Beobachtung in sein System unterzubringen und wurde so ganz unfähig, im heißen Kampfe die Wahrheit zu entbinden. Theoretisch fehlte ihm die Kampfeslust, praktisch der Humor, der, statt sich über die Misère dieses Lebens zu ärgern, die Welt einmal gründlich belacht. Seine spätern Schriften sind meist Ergänzungen und weitere Ausführungen seines Hauptwerkes, z. B.: Der Wille in der Natur, 1836; 1844, der zweite Band zu seinem Hauptwerke, 1841 die beiden Grundprobleme der Ethik, 1851 Purerga und Paralipomena. Erst in seinem 60. Jahre brachte Frauenstädt und ein Artikel in Westminster Rewiew ihn zu der wohlverdienten Anerkennung, und nun ernbtete der Greis reichlich an Ruhm und Auszeichnung, was ihm so lange, wie er meinte, in böser Absicht versagt geblieben war.

Was ist nun seine Philosophie? fragen wir endlich.

„Die Welt als Wille und Vorstellung", dieser Titel benachrichtigt uns sofort, daß wir es hier mit einem psychologischen System zu thun haben, d. h. einem System, das die Welträthsel zu ergründen sucht durch Einkehr in das Innere des Menschen. Dann fällt uns sofort auf, daß hier der Complex geistiger Vorgänge, den wir gewöhnlich Gemüth nennen, zu fehlen scheint, und nur Wille und Verstand genannt ist. Aber in der That fehlt nicht der Complex der Gemüthsstimmungen und Lust- und Unlustarten, sie zusammen, mit den Trieben und Begehren, sind unter dem Begriff: Willen zusammengefaßt; was in der That fehlt, ist die freie Willensbestimmung. Wenn Schopenhauer aber in § 11. seines Hauptwerkes sagt, daß das Wort: Gefühl nur einen negativen Inhalt hatte, nämlich, daß etwas nicht Begriff, nicht abstrakte Erkenntniß der Vernunft sei, sodaß man die disparatesten Dinge, wie Gefühl der Wollust, Gefühl für Farben, religiöses Gefühl, Gefühl der Ehre, Gefühl der Wahrheit, körperliches Gefühl darunter verstehe, so meint er damit nur die unbestimmte Ahnung oder die noch nicht zu voller Klarheit gekommne Empfindung, dagegen nennen wir auch Gefühl, was überhaupt nicht in einen Begriff aufgelöst werden kann, z. B. Liebe, Haß, Schmerz, und grade die Gesammtheit der Gefühle und Triebe nimmt Schopenhauer als innerstes Wesen des Menschen und der Dinge an, nennt es aber: Wille.

Das erste Buch enthält nun seine Erkenntnißtheorie, die wir schon bei Erwähnung der Abhandlung über die vierfache Wurzel des Satzes vom Grunde berührt haben. Zwischen dem Menschen und der Außenwelt stehen immer die Sinne, welche die Einflüsse der Außenwelt auf den Körper in Empfindungen um= setzen und der Verstand, der diese Empfindungen in Anschauungen umsetzt, also die Welt ist nicht anders da, denn als Vorstellung, als Objektsein für ein Subjekt. Die Formen, die in den Sinnesorganen selbst liegen, und wodurch sie Sinnesempfindungen hervorbringen, sind Raum und Zeit, die dem Verstande inhärirende Form ist die Causalität, aber auch Zeit und Raum sind dem Gesetze vom zureichenden Grunde unterworfen, und dieses beherrscht die ganze Welt, alle unsre Vorstellungen. So ist die ganze Welt einge= schmiedet in die Bande von Raum und Zeit, in die wir unsre Vorstellungen verlegen und angereiht an den rothen Faden der Causalität, an den sich alle unsre Vorstellungen anreihen müssen. Materie ist weiter Nichts, als das Correlat von Raum und Zeit und Causalität, d. h. der Inbegriff alles dessen, was sich in Raum und Zeit und Causalität abspielt — so schlägt er den Materialismus, der von der Materie, als dem Uranfänglichen, ausgeht, todt und ist dabei nicht, wie der abstrakte Idealismus Fichte's vom Subjekt, vom Ich, sondern von der Vorstellung ausgegangen. Zeit und Raum, und wie dieser, so auch Alles, was aus Ursachen und Motiven hervorgeht, hat nur ein relatives Dasein, ist nur durch und für ein Andres ihm Gleichartiges, es ist Erscheinung gegenüber dem Dinge an sich, die Maja, der Schleier des Trugs, der die Augen der Sterblichen umhüllt und sie eine Welt sehen läßt, von der man weder sagen kann, daß sie sei, noch daß sie nicht sei, denn sie gleicht dem Traume, gleicht dem Sonnenglanze auf dem Sande, welchen der Wandrer von ferne für ein Wasser hält, oder auch dem hingeworfnen Stricke, den er für eine Schlange ansieht. Nach dem Allen scheint es also nichts als ein vorstellendes Subjekt zu geben, denn alles Vorhandene ist nur, sofern es Vorstellung ist; das vorstellende Subjekt aber selbst, ist seinem Leibe nach zugleich Ob= jekt. Das Subjekt ist als solches schlechthin unerkennbar, denn alles

Erkannte ist damit zugleich Objekt. Das Subjekt ist ganz un=
getheilt in jedem vorstellenden Wesen und wenn auch ein einzelnes
erkennendes Subjekt aufgehoben wird, so wird damit das Subjekt
noch nicht aufgehoben. Die Vernichtung trifft nicht das Subjekt,
sondern nur das Individuum, das eine Zeit lang Träger des
Subjektes ist und von ihm vorgestellt wird. Intellekt und
Materie sind die Angelpole der Welt. Intellekt als zeitweiliger
Träger des Subjektes, Materie als Inbegriff alles Vorgestellten.
Intellekt und Materie sind eigentlich nur ein und dasselbe, aber
von zwei entgegengesetzten Seiten betrachtet, und dieses Eine ist die
Erscheinung des Dinges an sich: ja des Dinges an sich, dabei athmet
man auf, von diesem Wirbeltanz von Traumgestalten, aus diesem
Schattenreich befreit und froh zu dem zu kommen, was wirklich ist.
Schau aller Wirkungskraft und Samen Und thu nicht mehr in Worten
kramen. Aber noch einen Augenblick Geduld; einige für seine
ganze Philosophie wichtige Begriffe muß ich doch noch erwähnen,
aus diesem erkenntniß=theoretischen Theile. Er betont überall
mit Locke die sinnliche Anschauung als die Quelle der klaren,
festen und gewissen Erkenntniß, zu der sich die diskursive, ab=
strakte Vernunfterkenntniß, wie der geborgte Widerschein des
Mondes zu dem unmittelbaren Lichte der Sonne, verhalten. Der
Verstand hat die einzige Funktion, nach dem Gesetze der Causali=
tät Erscheinungen aufeinander zu beziehen, und verwandelt so
die Sinnesempfindung in Anschauung. (Nur muß man sich
hüten, das Gesetz der Causalität auf das Verhältniß zwischen
Subjekt und Objekt anzuwenden, woraus allein die Frage nach
der Realität der Welt entspringt.) Die erwähnte anschauliche
Erkenntniß haben alle Thiere, denn sie erkennen alle Objekte und
reagiren mit Bewegung auf diese Erkenntniß. Der Menschheit
bleibt allein die Vernunft, d. h. das Vermögen, viele Anschau=
ungen unter einen gemeinsamen Begriff zu bringen, die Re=
flexion und mit ihr ist das Denken in Worten und das Wissen
gegeben, mit dem Wissen zugleich der Irrthum, der nicht der
anschaulichen, sondern nur der begrifflichen Erkenntniß zukommt
und nichts weiter ist, als der Schluß von der Folge auf den
Grund, statt umgekehrt. Man sieht die Vernunft, die bei Kant
die Einheit der Idee in die Vielheit der Begriffe bringt und
mittelst deren praktischen Theil er die zerstörte Welt des
Scheines wieder aufbaut als Welt der Pflichten und Thaten,
ist bei Schopenhauer rein theoretisch und im Theoretischen noch
dazu dienend. — Wahrheit ist der Inbegriff der Urtheile, die
in etwas außer ihnen ihren zureichenden Erkenntnißgrund haben. —

Lachen ist die plötzlich wahrgenommene Incongruenz zwischen einem Begriff und den realen Objekten. Urtheilskraft ist das Vermögen, das anschaulich Erkannte richtig und genau ins ab=strafte Bewußtsein zu übertragen, also Vermittlerin zwischen Verstand und Vernunft. Auffindung einer Hypothese ist Sache der Urtheilskraft, welche die gegebene Thatsache richtig auffaßt und demgemäß ausdrückt. Induktion d. h. vielfache Anschauung bestätigt ihre Wahrheit. Reine anschauliche Erkenntniß giebt die Mathematik, reine Vernunfterkenntniß die Logik. Philosophie hat zum Gegenstande, was die Wissenschaften voraussetzen und ihren Erklärungen zu Grunde legen und zur Grenze setzen, z. B. bei Naturwissenschaft: Materie, ein Objekt der Erkenntnißtheorie. Sie sucht das Was der Welt in anschaulicher Erkenntniß und das dunkle Gefühl, was Jeder von der Welt hat, zu deutlichem bleibenden Wissen zu erheben. Was ist nun das Was der Welt? Denn sie kann doch nicht allein die gut durchgeführte Puppenkomödie sein, in der Alles nach einer Maschinerie (Satz vom Grunde) am Schnürchen abläuft. Diese Puppen können nicht bloß Holz und Leder sein, sie müssen Fleisch und Blut haben; es ist die Sehnsucht aus der Schulstube in den frischen grünen Wald, es ist das Verlangen aus der Schädelstätte der Welt zu empfundnen und empfindenden Wesen zu kommen. Wie aber kommt man zu den Quellen des Lebens? Durch Betracht=ung der äußern Welt nicht. Hier ist Alles Vorstellung und in diesen Kreis festgebannt, keine Stelle zum Entschlüpfen, aber durch Einkehr bei sich selbst. Nahe gelegt war dieser Gedanke schon durch Kant, nach dem wir es im praktischen Gebiete der Pflichten sollten mit Dingen an sich zu thun haben. Außerdem aber stellt sich in der Außenwelt in Gestalt von Raum und Zeit und Causalität ein dreifaches trübendes Medium zwischen unsre Erkenntniß und ihre Gegenstände, bei dem innern Sinne, der Selbstbeobachtung unsrer seelischen Vorgänge kommt von diesen drei Medien nur noch die Zeit in Betracht. Diesen einen Schleier gehoben und wir stünden in Beziehung auf unser eignes Wesen und alle uns ähnliche in der Wahrheit. Streben, Wünschen, Hoffen, Fürchten, Lieben, Schmerz, Leidenschaft, Wollust, Alles ist mir unmittelbar gegeben, und dieser Com=plex von Selbstempfindungen ist mein wahres Wesen. Schopen=hauer nennt dies den Willen im Gegensatz zu der gewöhnlichen Bedeutung. So erkenne ich meinen Leib auf doppelte Weise, einmal durch die Sinne als Objekt, das andre Mal innen als Wille. Wille zu einer Bewegung z. B. und Bewegung selbst

ist einerlei, nur von verschiednen Seiten gesehen, und dieses
Zusammensein des wollenden und erkennenden Ich in einem
Individuum ist das Wunder κατ᾽ ἐξοχήν, ist der Weltknoten.

Freilich fallen Wille zu Bewegung und Bewegung selbst
zeitlich aus einander, so daß die Physiologie versucht hat, aus
dem Abstande beider die Schnelligkeit des Verlaufs der Nerven=
erregung zu berechnen. Schopenhauer will nur demselben Ge=
danken Ausdruck geben, den Spinoza so ausdrückt: Die Ordnung
und Verknüpfung der Vorstellungen ist dieselbe, (s. Klencke,
Spinoza § 24.) wie die Ordnung und Verknüpfung der Dinge.
Das Ausgedehnte, die äußerliche Erscheinung nun nennt
Schopenhauer Objektivation des Willens, weil der Wille hier
Objekt fürs Subjekt geworden ist, in die Vorstellung eingegangen
ist. Die einzelnen Gliedmaßen und die einzelnen Zustände des
Leibes sind die Objektivationen einzelner Begehrungen. Zähne,
Schlund u. s. w. das objektivirte Essenwollen, das Gehirn das
objektivirte Erkennenwollen, das Blut die unmittelbarste Ob=
jektivität des Willens zum Leben, und das ist charakteristisch für
Schopenhauer. Seine Philosophie ist zu einem bedeutenden
Theile Philosophie des Temperamentes. Ideales und Reales
verbindet sich so in Einem, und nur die Seite von der man
sieht, bestimmt, ob man sagt idealistisch, die Welt sei Vorstellung,
oder realistisch, sie sei Gehirnfunktion. Wie der Leib einerseits
meine Vorstellung, so ist er andrerseits mein Wille. Ich erinnre
noch einmal an die Anklänge an Spinoza, nur daß dieser nicht
auf dem kritischen, sondern dem realistischen Standpunkt steht,
und die Dinge nicht Objektivationen, d. h. in die Vorstellung
eingegangne Stufen des Willens sind, sondern Modi der Sub=
stanz, die bald unter diesem (die Vorstellung) bald unter jenem
(Ausdehnung) Attribute angesehen werden. Es wäre nun, fährt
Schopenhauer fort, ein theoretischer Egoismus, in sich ganz
allein dies lebendige treibende Wesen zu legen und von allen
anderen Naturdingen zu sagen, die wir nicht unmittelbar, sondern
nur durch die äußern Sinne wahrnehmen, sie seien nur Vor=
stellung. Nach dem Gesetze der Analogie werden wir zunächst
von allen andren Menschen, dann auch von den Thieren sagen,
daß sie nicht bloß unsre Vorstellung, sondern auch etwas für
sich sind, auch Wille, und da das Thierleben einen Theil der
Prozesse mit dem Pflanzenleben gemein hat, so zieht die Ana=
logie auch die Pflanzen mit ins Bereich ihrer Wirksamkeit.
Die Philosophie hat immer die Aufgabe, irgendwie sich mit dem
unerklärbaren Reste, der bei Division der Natur mit dem

*2

Causalgesetz bleibt, abzufinden, das hat sie gemein mit der Poesie, die aus diesem Besitzthum nimmermehr wird verdrängt werden können, wenn auch die Naturerklärung noch so weit vorschreitet, sie muß nur ihr Felseneiland nicht mit angeschwemmten Sande verwechseln, dies machen ihr die andringenden Wogen der Naturwissenschaft streitig, jenes ragt Salas y Gomez in die Ewigkeit. Dieser Rest heißt bei Schopenhauer Wille und seine Objektivationsstufen — eine kühne metaphysische Dichtung, zunächst ohne so praktischen Nutzen wie die Telegraphie und Telephonie, aber doch im menschlichen Gemüthe tief begründet. — Warum die Blätter bei dieser Pflanze so gestellt sind, warum hier eine knollenförmige Wurzel, warum diese mono= jene bigamisch ist, warum der Mensch so weichmüthig, der so hart ist, was also bei dem Menschen Charakter, bei Thier und Pflanze Typus heißt, darauf ertheilt keine Wissenschaft eine Antwort, als die, es ist, weil es ist, Schopenhauer sagt, es sind verschiedene Objektivationsstufen des Willens, Hartmann bekanntlich: Es ist die Wirkung des Unbewußten, die in das Bewußte hineinragt. Weiter hinab zu dem anorganischen Reiche. Nehmt Schwere, Magnetismus, Licht, Elektricität und alle ihre Gesetze zusammen, und Niemand erklärt doch, warum diese Salzverbindung würfelförmig, jene di= oder triplinisch krystallisirt, warum dies Metall dies, jenes ein andres Spektrum giebt, wie es kommt, daß ganz gleich zusammengesetzte chemische Verbindungen doch ganz verschiedene physikalische Eigenschaften haben, z. B. der Kohlenstoff die drei allegorischen Zustände der Kohle, des Graphites, des Diamantes, warum eine Art Zucker=Dextrin die Polarisationsebne rechts dreht, und noch weiter hinab zu den elementaren Naturkräften: „Wenn wir den gewaltsamen, unaufhaltsamen Drang sehen, mit dem die Gewässer der Tiefe zueilen, die Beharrung, mit welcher sich der Magnet immer wieder zum Nordpole wendet, die Sehnsucht, mit der das Eisen zu ihm fliegt, die Heftigkeit, mit welcher die Pole der Elektricität zur Wiedervereinigung streben, und welche grade wie die der menschlichen Wünsche durch Hindernisse gesteigert wird, wenn wir die Auswahl bemerken, mit welcher die Körper durch den Zustand der Flüssigkeit in Freiheit gesetzt und den Banden der Starrheit entzogen sich suchen und fliehen, vereinigen und trennen, wenn wir endlich ganz unmittelbar fühlen, wie eine Last, deren Streben zur Erdmasse unsern Leib hemmt, auf diesen unablässig drückt und drängt, ihre einzige Bestrebung verfolgend, so wird es uns keine große Anstrengung der Einbildungskraft kosten, selbst aus

so großer Entfernung unser eignes Wesen wiederzuerkennen,
jenes nämlich, das in uns beim Lichte seine Zwecke verfolgt,
hier aber in dem schwächsten seiner Erscheinungen nur blind,
dumpf, einseitig und unveränderlich strebt, jedoch weil es überall
ein und dasselbe ist, auch hier wie dort den Namen Wille führen
muß. Das sind Schopenhauer's eigne Worte, die am leichtesten
seinen Gedankengang deutlich machen, dieses unbekannte X, das
überall bleibt als irrational für den Satz vom Grunde, ist der
Wille, der durch die ganze Natur herrscht. Nach der ver=
schiednen Art aber, wie sich der Satz vom Grunde bethätigt,
zerfallen alle Objektivationsstufen, zerfällt die ganze Natur in
drei Reiche: 1) das Gebiet von Ursache und Wirkung vom
Stoß und Gegenstoß, die einander gleich sind bis zur Entsteh=
ung der Elektricität durch Reibung des Glases, und Entstehung
von Licht und Wärme durch Oxydation; 2) das Gebiet des
Reizes, das die pflanzlichen Gebilde umfaßt, wo Ursache und
Wirkung nicht mehr gleich sind: Ein Samenkorn treibt durch
Wärme und Feuchtigkeit angeregt einen Keim, etwas Heu mit
Wasser begossen liefert eine Welt rasch beweglicher Infusions=
thierchen; 3) das Gebiet der Motive, wo Ursache und Wirk=
ung einander gar nicht mehr, weder qualitativ noch quantitativ,
ähnlich sind, daß der Karpfen bei Läuten der Glocke an die
Wasseroberfläche kommt, um sich sein Futter zu holen, daß die
Gemse bei Erblicken des Jägers Warnrufe giebt. Der Mensch
aber hat vor den Thieren das Vermögen voraus, daß ihm nicht
nur sinnliche Anschauungen, sondern auch Begriffe zu Motiven
werden. Der Wille, der das Wesentliche aller Naturerschein=
ungen ist, ist einer, blind, grundlos, ohne Ziel. Einer, weil er
nicht unterworfen ist den Formen unsrer Sinnesanschauung und
unsrer Vorstellung, durch Raum und Zeit ja aber erst Vielheit
gesetzt wird (principium individuationis) ohne Wechsel und
Dauer, weil dies ebenso nur Formen der Vorstellung sind;
blind und ohne Ziel, weil er ohne Erkenntniß wirkt. Ein Bei=
spiel von dieser Blindheit des Willens sind die Kunsttriebe der
Thiere, bei denen der Zweck, für den sie wirken, ihnen ganz
unbekannt ist. Der einjährige Vogel hat keine Vorstellung von
den Eiern, für die er ein Nest baut, die junge Spinne nicht
von dem Raube, für den sie ein Netz wirkt, die Larve des
Hirschkäfers beißt das Loch in dem Holze, wo sie ihre Ver=
wandlung bestehen will, noch einmal so groß, wenn sie ein
männlicher, als wenn sie ein weiblicher Käfer werden will, im
ersten Fall, um Platz für die Hörner zu haben, von denen sie

noch keine Vorstellung hat. Wir sehen, der Wille ist das
Absolute andrer Philosophien, sehen aber auch gleich den Wider=
spruch, daß er das starre, unveränderliche, unvernünftige Princip
ist, während alle Entwicklung sich vollzieht im Gebiete der
Vorstellung. Wir sind hier wieder an einem Punkte seiner Philo=
sophie angelangt, wo das Gewirr verschiedenartiger Fäden zu
einem Knäuel nicht recht klar sehen läßt. Er sieht ein, daß
doch die ganze reiche Naturwelt nicht bloß in der Erscheinung
existiren kann, die weder ist, noch nicht ist, während das wirk=
lich treibende ein ungestaltetes, unfaßbares, unveränderliches
dunkles Etwas ist. Er nennt nun die Objektivationsstufen, d. h.
daß der Wille erst erscheint in den titanischen Kräften, die die
Weltkörper aneinanderhalten, in Centrifugal= und Centripetalkraft,
dann in den dumpfen Naturkräften Schwere, Undurchdringlich=
keit, Electricität, Magnetismus, dann Krystalle anschießen läßt,
dann in der Pflanze die Schwerkraft überwindet und zum Lichte
strebt, in der Eiche dem Sturme trotzt, dann in selbstbeweglichen
Formen auftritt, das Meer vom Urschleim an und den Protozoen
durch Amöben, Muscheln bis zu dem riesigen Wal bevölkert, auf
der Erde in den verschiedensten Thiergattungen sich offenbart,
und endlich im Menschen bewußt wird, ich sage, er nennt die
Objektivationsstufen die unerreichten Musterbilder, ja in un=
zähligen Individuen ausgedrückt, die ewigen Formen, die nicht
selbst in Raum und Zeit eingehen, feststehend keinem Wechsel
unterworfen, kurz, die Platonischen Ideen. Er führt also ein
neues Element ein zwischen dem starren Urprincip und der ewig
neuen und reichen Welt, das die Vermittelung übernehmen soll;
er braucht Hilfshypothesen, kommt mit seinem Helden im Epos
nicht aus, braucht stützende Figuren. Da nun alle Vielheit,
alle Entwicklung von vornherein als im Gebiet der Vorstellung
befindlich angesehen worden ist, so ist man entschieden in Zweifel,
wie man diese Stufenleiter der platonischen Ideen ansehen soll.
Viele sind es doch entschieden, von Entwickelung spricht doch
Schopenhauer auch und andrerseits können diese platonischen
Ideen doch kein Traum der Vorstellung sein, da sie ja als ewig
eingeführt worden sind. — Ein Widerspruch! — Der Werde=
prozeß, den der Wille darstellt, vollzieht sich nun ähnlich der
Darwin'schen Entwickelungsreihe durch Kampf ums Dasein und
die natürliche Zuchtwahl, nur daß Darwin auf das organische
Reich sich beschränkt hat, Schopenhauer aber die ganze Natur
in das Bereich dieses Gesetzes zieht. Sonst aber sind in der
That viel Analogien da; Schopenhauer hat nur in den Strom

der Entwickelung fest abgegrenzte Gestalten gestellt, Prototypen, denen sich die einzelnen Individuen mehr oder weniger nähern, diese Typen sind das Ideal von Zweckmäßigkeit und Schönheit; sind die Einheit in der Idee, sind Ideen selbst in ihrer Voll= kommenheit. Darwin hat das ideale Element noch weiter in den irrationalen Hintergrund der Natur gedrängt, um dem mechanischen Princip mehr Raum zu erobern. Seine Entwickel= ung vollzieht sich ganz auf dem Gebiete des Naturgesetzes. Was am geeignetsten ist, fortzubestehen, besteht fort und giebt so immer vollkommnere Arten. Die Natur schafft unzähligen Reichthum von Individuen, von denen nur eine kleine Menge Platz hat, und so werden die am Besten gerathensten, unter den günstigsten Umständen existirenden die weniger begünstigsten ver= drängen. Man sieht nur Eins nicht ein, wie allein die äußern Umstände und der blinde Zufall den Gang der Natur von dem gestaltlosen Schleimklumpen bis zu dem erkenntniß= und vernunft= begabten Menschen dirigiren soll, man sieht nicht ein, warum die Natur den Luxus der Schönheit eingeführt hat. Das vollkommenste mechanische Werk kann uns wohl zur Be= wunderung hinreißen, aber die Rührung, die innige Freude, mit der wir eine Rose betrachten, mit der wir der Morgen= röthe entgegenjubeln, mit der wir durch eine Frühlings= landschaft in all ihrer keimenden und knospenden Pracht erfüllt werden, die fehlt dem rein Mechanischen. Hinter dem Mechanischen suchen wir ein Höheres. Deswegen sagte ich, Darwins's Theorie leuchtet Jedem ein, aber hinter ihr sucht er immer wieder die Idee, den Schöpfer, den Gott. Schopenhauer sagt nun: Wenn von den Erscheinungen des Willens auf den niedrigeren Stufen der Organisation, also im Anorganischen, mehrere in Conflikt gerathen, indem jede am Leitfaden der Causalität sich der vor= handenen Materie bemächtigen will, so geht aus diesem Streite der Erscheinung eine höhere Idee hervor, welche die vorhin da= gewesenen unvollkommneren alle überwältigt, jedoch so, daß sie das Wesen derselben auf eine untergeordnete Weise bestehen läßt, indem sie ein Analogon davon aufnimmt, in sich, welcher Vor= gang eben nur aus der Idealität des erscheinenden Willens in allen Ideen und aus seinem Streben zu immer höherer Or= ganisation begreiflich ist. Der Wille ist also hier nicht als ziellos gedacht, wofür ihn ausdrücklich früher Schopenhauer er= klärt hat. Der Magnet muß einen dauernden Kampf mit der Schwere unterhalten, der Galvanismus überwältigt die chemischen Wahlverwandtschaften, die Pflanzenwelt wird die Beute der

Thiere, jedes Thier erhält sein Dasein nur durch beständige Aufhebung eines fremden. Ueberall Kampf, Jagd, Angst, Leiden; hier ragt bereits die Ethik in die Naturphilosophie mahnend hinein. Je nachdem nun den Organismen die Ueberwältigung der tieferen Stufen mehr oder weniger gelingt, wird jeder zum vollkommneren oder unvollkommneren Ausdruck seiner Idee, d. h. steht näher oder ferner dem Ideal, welchem in seiner Gattung die Schönheit zukommt. Auf Erhaltung der Gattung, d. h. der platonischen Idee, kommt es dem Willen aber nur an, die Individuen sind nur die Accidentien der Substanz, sind nur das Veränderliche, Flüchtige, Vorüberrauschende gegenüber der Gattungs= idee, und diese Vernachlässigung des Individuums herrscht durch= weg bei Schopenhauer. Wie erklärt er nun die Zweckmäßigkeit in der Natur, zunächst die Zweckmäßigkeit eines Organismus. Er nimmt den intelligiblen Charakter Kant's zu Hilfe, der un= gefähr seiner platonischen Idee entspricht und im empirischen Charakter explicirt wird. In dem Neben= und Nacheinander der Erscheinungen, die zusammen einen Organismus bilden, offenbart sich immer nur der eine untheilbare Wille, und so be= ziehen sich alle Theile auf einander und hängen von einander ab, werden von unserem Intellekt als Mittel und Zweck mit einander in Verbindung gesetzt. Die Zweckmäßigkeit gehört also wesentlich der Erscheinung an in Raum, Zeit und Causalität, und so wird Gesetz und Zweckmäßigkeit allererst von unserem Verstande in die Natur gebracht; alle äußre und innre Teleologie ist überall nur die für unsre Erkenntnißweise in Raum und Zeit auseinander getretne Erscheinung der Einheit des mit sich selbst übereinstimmenden Willens, ist die Objektivation des Willens, durch die die einheitliche Natur des Willens überall durchklingt, oder vielmehr die Einheit der platonischen Idee. Zweckmäßig= keit ist also die Beziehung auf die platonische Idee, das Ver= nehmen der Idee in den Naturdingen. Zuletzt in dieser Kosmogenie schließt Schopenhauer den Zirkel, kehrt zurück zu dem Ausgangspunkte der Vorstellung. Die Natur nämlich ist in ihrer Entwickelung an den Rand des Bankerottes gekommen, sie muß Zettelbanken einrichten, um auszukommen, das Gedränge und Gewirre der Erscheinungen ist so groß geworden, daß sie einander stören. Der Zufall, von dem das bloß durch Reize bewegte Individuum seine Nahrung erwarten muß, wäre zu ungünstig, es müssen gedachte Reize statt der wirklichen einge= führt werden, die Bewegung auf Motive wird nöthig, die Er= kenntniß. Deren Objektivation aber ist eine Anhäufung von

Nervenmasse, Ganglion oder Gehirn. Und siehe da, es wird Licht: Die Welt steht jetzt plötzlich als Vorstellung da, als Objekt eines erkennenden Subjektes. Die unfehlbare Sicherheit und Gesetzmäßigkeit, mit der dieser blinde Wille waltete, hört auf, die Welt der Vorstellung bringt Störungen herein. Die Thiere sind schon Schein und Täuschung unterworfen. Der Mensch nun erhält gar noch das Vermögen der Begriffe, die Vernunft, mit ihr die Möglichkeit einer umfassenden Weltansicht, aber auch des Irrthums. Man sieht, die Intelligenz ist ein ganz unwesentliches Ding, nur ein neues Triebrad in der Maschine, weil diese sonst in's Stocken gekommen wäre und nur hervorgetreten bis zur Erhaltung der Gattung, also nur da, den Individuen Nahrung zu verschaffen und leichtre Fortpflanzung. Der Wille ist also hier wiederum nicht blind, sondern strebt die höchste Organisatiosstufe an. An diesem Widerspruche übrigens setzt Hartmann's Philosophie ein. Er sucht den Widerspruch zu beseitigen durch Verbindung des Willens mit der Idee, durch Vereinigung von Schopenhauer und Hegel und nennt diese Verbindung: das Unbewußte. — In einzelnen besonders begabten Individuen allerdings, und nun kommt Schopenhauer auf seinen Lieblingsbegriff, der Genialität, macht sich der feige Knecht Intelligenz vom Dienste des Willens, der nun schon aus einem blinden ziellosen Principe ein bestimmter wird und das Prädikat: zum Leben erhält, los und sieht sich von hoher Warte an, was der Wille gemacht hat, sagt aber nicht Bravo, sondern Pfui! Zunächst aber bleiben wir bei dem anschauungsfreudigen, von Lebens- und Schaffenslust erfüllten Theile der Schopenhauer'schen Philosophie stehen, seiner Aesthetik oder der Lehre von den platonischen Ideen als Objekt der Kunst. Hier athmet der Pessimist Glück und Freude, hier fallen die beengenden drückenden Schranken, in die uns der Satz vom Grunde einschmiedete, hier vergeht und ist vergessen das wilde Durcheinander, die Angst, die Jagd, die aus dem sinnlichen Theile unsrer Natur entspringen, hier ist man frei von dem Alles bezwingenden Triebe des Hungers und der Geschlechtsliebe, sieht die Welt und ihr hastiges, geängstetes Wesen aus der Vogelschau, hier ist man frei von dem Sklavendienste des Willens. Man glaubt Schiller in den Künstlern zu hören: Eh' ihr das Gleichmaß in die Welt gebracht, dem alle Wesen freudig dienen — Ein unermeßner Bau im schwarzen Flor der Nacht — Nächst um ihn her mit mattem Strahl beschienen. Ein streitendes Gestaltenheer, die seinen Sinn in Sklavenbanden hielten Und ungesellig rauh, wie

er, mit tausend Kräften auf ihn zielten. So stand die Schöpf=
ung vor dem Wilden. Durch der Begierde blinde Fessel nur
An die Erscheinungen gebunden Entfloh ihm ungenossen, unge=
empfunden die schöne Seele der Natur, oder: In den heitern
Regionen, wo die heitern Formen wohnen, rauscht des Jammers
trüber Sturm nicht mehr. Wir haben gewiß Alle schon die
Beobachtung gemacht, daß ein Baum, eine Gegend, eine mensch=
liche Gestalt, an der man oft gleichgiltig vorübergegangen ist,
plötzlich in einem Augenblicke das ganze Bewußtsein einnimmt
und Einem plötzlich wie von einem höhern Lichte verklärt vor=
kommt und durch seine Schönheit überrascht, oder daß man in
einsamer Nacht schlaflos plötzlich deutlich in der Finsterniß eine
herrliche Gestalt, der Ausdruck zu geben man lange gerungen
hat, vor Augen hat, oder, was dasselbe ist, daß eine Lösung
eines Räthsels, ein Problem, dem man lange nachgegrübelt,
plötzlich auf die einfachste Weise gelöst vor Einem liegt. Davon
spricht Schopenhauer, wenn er sagt, daß das Individuum mit
seinen Formen verschwunden sei, daß man sich völlig versenkt
habe in die Ideen, daß das Objekt der Anschauung und das
Subjekt völlig eins seien und in einander aufgehen, daß man
aufhöre, den Erscheinungen am Leitfaden der Causalität nachzu=
gehen, daß der Intellekt sich vom Dienste des Willens befreit
habe. Solche Augenblicke hat jeder Mensch in seinem Leben,
Jeder ist einmal ein Genie, das wirkliche Genie hat nur solche
Augenblicke öfter und sieht die Dinge meist so an: Darum der
Widerwille gegen die strenge Logik und das Denken nach dem
Satz vom Grunde, also namentlich gegen die Mathematik, da=
rum das Kainsmal auf der Stirn der Dichter, das fluchwürdige
Schicksal, das von ihnen fordert, sie sollen praktisch nützlich sein
und sich Nutzen verschaffen, während ihr Glück und ihr Geschick
die nutzlose, die göttliche Dichtung ist. Die künstlerische An=
schauung ist die intuitive gegenüber der immanenten. Man sieht
nicht die Dinge, wie sie entstehen und vergehen, sondern ihre
ewigen Urbilder, die platonischen Ideen. In dem zweiten Theile
sahen wir, daß jede Objektivation des Willens hinter ihrer Idee
eine Stufe zurückbleibe, weil sie im Kampfe gegen andre, durch
Assimilation niederer einen Theil ihrer Kraft verliert, in der
Kunst sehen wir die Urformen, nach denen die Welt geschaffen
ist. Der Ursprung der Kunst war also die reine Contemplation,
ihr Ziel ist die Wiederholung der anschaulich aufgefaßten Ideen
und je nach dem Stoffe, in dem sie wiederholt, ist sie bildende
Kunst, Poesie, Musik. Aus dem frei gewordnen Ueberschuß der

Erkenntniß über den Dienst des Willens erklärt sich nach Schopenhauer die Lebhaftigkeit bis zur Unruhe in genialen Individuen, indem die Gegenwart ihnen selten genügen kann, weil sie ihr Bewußtsein nicht ausfüllt, dies giebt ihnen jene rastlose Strebsamkeit, jenes unaufhörliche Suchen neuer und der Betrachtung würdiger Objekte, dann auch jenes fast nie befriedigte Verlangen nach ihnen ähnlichen, ihnen gewachsenen Wesen, denen sie sich mittheilen könnten, während der gewöhnliche Erdensohn durch die gewöhnliche Gegenwart ganz ausgefüllt und befriedigt in ihr aufgeht und dann auch, Seinesgleichen überall findend, jene besondere Behaglichkeit im Alltagsleben hat, die dem Genius versagt ist. Der Mangel der Klugheit und sichern Lebensführung bei genialen Individuen erklärt Schopenhauer, abgesehen von der Leidenschaftlichkeit, die sie oft Wahnsinnigen ähnlich mache, mit Plato so: Diejenigen, welche außerhalb der Höhle, das wahre Sonnenlicht und die wirklich seienden Dinge, die Ideen geschaut haben, können nochmals in der Höhle, weil ihre Augen der Dunkelheit entwöhnt sind, nicht mehr sehen, die Schattenbilder da unten nicht mehr recht erkennen und werden deshalb bei ihren Mißgriffen von den Andern verspottet, die nie aus dieser Höhle und von diesen Schattenbildern fortkommen. Das aesthetische Wohlgefallen beruht nun zum Theil auf der Befreiung von der Angst des Irdischen und dem steten Wechsel zwischen Wunsch und Befriedigung, zum andern Theile beruht es objektiv und positiv auf der Anschauung der Idee als solchen. Wir müssen uns im gewöhnlichen Leben mit einer Außenwelt begnügen, darin jedes Glied eine Stufe hinter seiner Idee zurückgeblieben ist. Das künstlerische Auge schaut das Musterbild und dies ist an und für sich zweckmäßig und schön. Bedeutsame charakteristische Individuen, die durch das sehr deutliche Verhältniß ihrer Theile die Idee der Gattung rein aussprechen, oder durch die hohe Objektivationsstufe des Willens, welche die Idee ausdrückt, den Zustand der reinen Beschaulichkeit erleichtern, sind schöner, als solche, welche der künstlerischen Stimmung weniger entgegen= kommen. Schönheit ist künstlerische Anschauung der Idee, diese Anschauung kann nur Bedeutsamkeit der Formen erleichtert werden; keineswegs aber sagt Schopenhauer Schönheit – Bedeutsamkeit. Daß Schopenhauer's Erklärung des Schönen erschöpfend sei, will ich nicht behaupten, indeß umfaßt sie viele anders gegebene Erklärungen von Schön. Schön ist was interesselos, d. h. ohne Beziehung auf unsern sinnlichen Menschen mit seinen Bedürfnissen gefällt, sagt Kant; das ist also der negative Theil der

Schopenhauer'schen Erklärung, daß wir befreit sind von dem
Dienste des Willens. „Das Schöne ist das Harmonische, ist
die Idee in der Erscheinung", stimmt mit dem positiven Theil
der Schopenhauer'schen Erklärung überein. „Schön ist, was ein
harmonisches Spiel unsrer Einbildungskraft hervorbringt." Das
fehlt bei Schopenhauer. Der Einbildungskraft legt Schopenhauer
nur den Werth für die geniale künstlerische Betrachtung bei, daß sie
den Gesichtskreis des Künstlers über die Wirklichkeit der persön=
lichen Erfahrung erweitere und ihn in den Stand setze, aus dem
Wenigen, was in seine wirkliche Apperception gekommen ist,
alles Uebrige zu construiren, und andererseits die Fähigkeit, den
Künstler über die Mängel der einzelnen Erscheinungen hinweg
zu der Idee, wie die Natur eigentlich schaffen wollte, zu helfen.
Also eigentlich schöpferische Kraft spricht er ihr ab. Die Kunst
ist ihm nur Wiederholung der in der Natur ausgesprochnen
Ideen; und insofern ist seine Definition nicht zureichend.
Andrerseits sieht man, wie Schopenhauer den Philosophen neben
die Künstler stellen mußte, mehr als neben die Fachgelehrten,
denn diese haben es mit der Explication einer Reihe von Er=
scheinungen nach dem Gesetz der Causalität zu thun, die Philo=
sophie mit dem Was der Welt, mit den Ideen. Hätte nun
Schopenhauer nicht sein blindes dummes Princip über diese
Ideen gestellt und eine unüberbrückbare Kluft zwischen dem un=
vernünftigen Willen und den vollkommnen Ideen befestigt, wir
würden sagen: die Ideen sind die Gedanken Gottes und diese
sind an und für sich zweckmäßig, schön und endlich auch gut,
gegen welches letztere nun Schopenhauer aus dem Standpunkte
seines blinden Willens heraus remonstrirt; Gott aber ist die
Vereinigung der drei Strahlen. So aber verwahrt sich Schopen=
hauer ausdrücklich gegen die Bezeichnung eines Pantheisten, es
sei zwar Alles ἓν καὶ πᾶν Eines und aus Einem entsprungen,
aber nicht Alles Gott, dies sage nur der ruchlose Optimismus,
der das Böse und den Jammer der Welt übertüncht, wie ein
gefälliger Höfling dem Fürsten die Zerrüttung seines Staates. Wir
wollen unsern Philosophen nicht bei seiner Verbreitung über die
einzelnen Gebiete der Kunst folgen, aber einige Anschauungen, die
direkt in das Innere seines Systems führen, will ich nicht über=
gehen, nämlich wie er das Erhabne erklärt und seine Anschauung
über Musik. Im Gegensatz zum Schönen, bei dessen Betracht=
ung die Beziehung der Dinge auf unser Wohl und Wehe leicht
untertauchen und verschwinden vor der überwältigenden Macht
der Idee, müssen wir bei dem Erhabnen uns erst mit

Zusammenraffung aller Kräfte uns losreißen, uns erheben von
der subjektiven Betrachtung in Bezug auf unser Interesse, des=
wegen, weil der Gegenstand unsre sinnliche Natur, unsern
Willen mächtig anregt, z. B. bei Anblick des Meeres, dessen
vom Orkan in einander gepeitschte Sturmfluthen uns zu ver=
schlingen und die Feuerschlünde des Himmels uns zu vernichten
drohen. Wir vergessen, daß der Mastbaum gebrochen ist, wir
vergessen, daß unser Schiff ein Leck hat, wir vergessen, daß im
nächsten Augenblicke uns eine Sturzwelle vom Deck wegspülen
kann und stehen erstaunt und erfreut von sanften Regeln und
engen Sitten in rauher Elemente Willen, die Brust zu weiten
und im Getöse des Wetters zu fühlen Schöpfergröße. Ebenso
recht aus der Tiefe der Schopenhauer'schen Weltanschauung ist
die Ansicht über die Musik. Diese erklärt er nämlich nicht für
ein Abbild der Ideen, wie die übrigen Künste, sondern für ein
Abbild des Willens selbst. Derselbe Wille objektivirt sich in
der Erscheinungswelt und ebenso in der Musik. Die vom Dienste des
Willens befreite Stimmung ist auch bei der Musik Bedingung,
aber wir sollen in der Musik selbst die ganze Schöpfung mit
erleben, das Ringen des Willens von den untersten Elementar=
stufen bis hinauf in die sonnige Höhe der Vorstellung. Was
dort Ideen sind, sind hier Akkorde und Harmonie. In den
tiefsten Tönen der Harmonie, in dem Grundbasse erkennt er die
niedrigsten Stufen der Objektivation des Willens wieder, die
Masse des Planeten, die unorganische Natur, in den gesammten
die Harmonie hervorbringenden Ripienstimmen, zwischen dem
Basse und der leitenden, die Melodie singenden Stimme die
gesammte Stufenfolge der Ideen, die dem Basse näher stehenden
sind die niedrigeren jener Stufen, die noch unorganischen, aber
mehrfach sich äußernden Körper, die höher liegenden repräsentiren
die Pflanzen und Thierwelt. In der Melodie aber, in der
das Ganze leitenden und mit ungebundner Willkür in bedeutungs=
vollem Zusammenhange eines Gedankens von Anfang bis zu
Ende fortschreitenden, ein Ganzes darstellenden Hauptstimme er=
kennt er das besonnene Leben und Streben des Menschen, die
höchste Objektivationsstufe des Willens wieder. Die Musik er=
zählt folglich die Geschichte des von der Besonnenheit beleuchteten
Willens, dessen Abdruck in der Wirklichkeit die Reihe seiner
Thaten ist, aber sie sagt mehr, sie erzählt seine geheimste Ge=
schichte, malt jede Regung, jedes Streben des Willens, alles das,
was man unter dem weiten Begriff Gefühl zusammenfaßt. Wie
schneller Uebergang von Wunsch zur Befriedigung und von

dieſer zu neuem Wunſche Glück und Wohlſein iſt, ſo ſind raſche
Melodien ohne große Abirrung fröhlich; langſame auf ſchmerz=
liche Diſſonanzen gerathende und erſt durch viele Takte ſich
wieder zum Grundtone zurückwindende ſind analog der erſchwerten,
verzögerten Befriedigung traurig. Das Adagio ſpricht vom
Leiden eines edlen und großen Strebens, welches alles kleinliche
Glück verſchmäht. Man könnte die Welt ebenſo verkörperte
Muſik, als verkörperten Willen nennen, ſie ſpricht nicht die Er=
ſcheinung, ſondern allein das innere Weſen, den Willen aus, ſie
redet nicht von einer beſtimmten Freude, einem gewiſſen Schmerz,
ſondern drückt Jubel, Schmerz, Luſt, Irrung, Trennung, Finden
an ſich aus. Nenn es Glück, Herz, Gott, Gefühl iſt Alles,
Name iſt Schall und Rauch umnebelnd Himmelsgluth.

> Stimmung iſt Alles und alles Gefühl und von dem Verſtande,
> Den Du als göttlich verehrſt, borgt ſich nur Gründe das Herz.

Jetzt kommen wir in das Gebiet, wo eigentlich der wunde
Punkt Schopenhauer's liegt, die Ethik, das Gebiet, von dem
aus Schopenhauer's Einfluß ſo verheerend gewirkt hat auf die
Gemüther von vielen begabten Jünglingen; es fehlt ſeiner Ethik
der Wille, deſſen Kraft und Energie in den ſittlichen Ideen liegt,
es fehlt der Wille, deſſen unbeugſame Kraft eine Welt überwindet,
ſich unterthan macht und zu ſich zieht, der nicht klagt, daß jeder
neue Morgen ihm den alten Sang ins Ohr klinge: Entbehren
ſollſt du, ſollſt entbehren, ſondern die Zähne zuſammenbeißt und
die Hand ins Feuer hält; es fehlt der Sturm und die Thaten=
luſt der Freiheitskriege, die nach der ſchwülen Stille unſrer
claſſiſchen Litteraturperiode wie ein Gewitter über den Erdkreis
zogen. Göthe bewahrte ſeine hohe Künſtlerſchaft davor, daß er
in der Wertherſtimmung hängen blieb, daß das Motto: „Ach
ich bin des Treibens müde, was ſoll, ach, der Schmerz und
Luſt", ſein Leben verödete, aber Schopenhauer, zwiſchen Philo=
ſoph und Dichter mittinnen ſtehend, fiel dieſer Stimmung
zum Opfer.

Kant hatte einen außer der Zeit ſtehenden intelligiblen
Charakter angenommen, der als der transſcendentale Grund für
alle Handlungen verantwortlich iſt, der die Fähigkeit hat, eine
Cauſalitätsreihe aus ſich heraus zu beginnen. Er iſt verant=
wortlich nicht für jede einzelne Handlung, wohl aber für den
empiriſchen Charakter, der nach dem Cauſalitätsgeſetz den
empiriſchen explicirt, für die ganze Art ſeiner Lebensgeſtaltung.
Schopenhauer's intelligibler Charakter dagegen iſt die ſtarre
Form, in der einmal der Wille ſich objektivirt hat, die ein und

für allemal feststeht, die Niemand wählen kann und gewählt hat. Man schaudert vor der unheimlichen Schicksalsgöttin, die unerkannt über der Welt thront und blind ihre Gaben austheilt und als schrecklichstes Geschenk den Sterblichen noch die Reue, die Gewissensangst gegeben hat, nicht daß der arme Sterbliche etwas gethan hat, was er nicht hätte thun sollen, denn seine Handlungen folgen stets nach dem Causalitätsgesetze, nein, daß er so erschaffen ist und nicht anders. Dann allerdings möchte man mit Talbot ausrufen: „Erhabne Vernunft, was bist du denn, wenn du dem tollen Roß des Aberwitzes an den Schweif gebunden, Ohnmächtig rufend mit dem Trunknen dich sehend in den Abgrund stürzen mußt. Verflucht sei, wer sein Leben an das Große und Würdige wendet und bedachte Pläne mit weisem Geist entwirft. Dem Narrenkönige gehört die Welt." Statt daß dem Verdienste die Krone wird, der erfüllten Pflicht die schönste Beruhigung, sich selbst und der Welt gerecht worden zu sein, giebt es hier nur calvinistische Gnadengaben. Die eine auf geistigem Gebiete ist das Genie, die andere auf ethischem die Heiligkeit.

In der Naturphilosophie liegen schon die Grundbegriffe der Schopenhauer'schen Ethik vorgebildet: Die Welt entsteht und besteht in dem Walten eines blinden Principes ohne Endzweck, das nur den Drang hat, sich in den verschiedensten Gestalten zur Vorstellung zu bringen und endlich bewußt zu werden. Der Wille selbst aber, d. h. der Complex aller der Wünsche, Hoffnungen, Strebungen birgt seiner Natur und seinem Begriffe nach Mangel und Schmerz in sich, denn jedes Streben setzt Mangel voraus, so steht die Wage dieser Welt immer zwischen Wunsch und Befriedigung, außerdem aber ist zum Bestehen dieser Welt nothwendig der Kampf zwischen den einzelnen Individuen, indem das der Idee näherstehende vollkommnere Individuum siegt, also wieder Schmerz und Unfrieden. Also, so lange der Wille ein Objekt hat, das er begehren kann, immer rastloser Streit, Kampf, schonungslose Vernichtung; hört er aber auf, zu begehren, so fällt er in den bodenlosen Schlund der Langeweile, die auch Unseligkeit ist, also Unseligkeit hier und da. Schopenhauer hat so den Vortheil, daß er sich nicht wie optimistische Pantheisten, Leibnitz und Hegel, zu plagen braucht, den Ursprung des Bösen zu erklären; er steht auf dem Standpunkte des Christenthums. Die Natur ist an und für sich böse und Teufelswerk und muß erlöst werden, erlöst Thier und alle Kreatur durch die mit vernünftigem Bewußtsein begabte höchste Organisationsstufe, den

Menschen. Wie der erste Fortpflanzungsaft des ersten Menschen erst nach geschehener Sünde sich vollzieht, also das ganze Menschengeschlecht entstanden ist unter dem Einflusse der Sünde, der Erbsünde, so ist auch bei Schopenhauer das Urprincip der Welt ein sündiges, unseliges. Das Christenthum giebt nun Aussicht auf eine völlige Erlösung und Seligkeit jedes Einzelnen und der Person, bei Schopenhauer aber ist das Individuum nur flüchtige Erscheinung, nur die Ideen, nicht aber die Individuen haben Realität. Da diese ja nur in Raum, Zeit und Causalität bestehen, und nach diesen Formen nothwendig entstehen und vergehen müssen, so ist klar, wie absurd der Glaube an persönliche Unsterblichkeit ist: „Unsterblichkeit haben die unveränderlichen Ideen nur, ewig ist nur der Wille. Wie Zeugungsprozeß ein höher protenzirtes Ernähren ist, so ist die Excretion ein stetes Aushauchen und Abwerfen von Materie, dasselbe, was in erhöhter Potenz der Tod, der Gegensatz der Zeugung ist. Wie wir nun allezeit zufrieden sind, die Form zu erhalten, ohne die abgeworfene Materie zu betrauern, so haben wir uns auf gleiche Weise zu verhalten, wenn im Tode dasselbe in erhöhter Potenz und im Ganzen geschieht, was täglich und stündlich bei der Excretion vor sich geht. Wie wir bei dem Ersten gleichgiltig sind, sollten wir vor dem Andern nicht zurückbeben. Jedes Individuum, jedes Menschengesicht und dessen Lebenslauf ist nur ein kurzer Traum mehr des unendlichen Naturgeistes, des beharrlichen Willens zum Leben, ist nur ein flüchtiges Gebilde mehr, das er spielend hinzeichnet auf sein unendliches Blatt Raum und Zeit und eine gegen diese verschwindend kleine Weile bestehen läßt, dann auslöscht, neuen Platz zu machen. Der Tod gleicht nur dem Untergang der Sonne, die nur scheinbar von der Nacht verschlungen wird, wirklich aber selbst Quelle des Lichtes ohne Unterlaß brennt, neuen Willen, neue Tage bringt allzeit im Aufgange und allzeit im Niedergange. So steht es mit der Unsterblichkeit, das Individuum stirbt, aber die Sonne brennt ohne Unterlaß im Mittag." Was von sterblichen Eltern gezeugt ist, muß sterben und soll sterben, aber — so könnte man Schopenhauer aus Spinoza ergänzen — das Individuum kann sich über die Schranken der Erscheinung erheben, kann die ewigen Ideen erkennen, Subjekt und Objekt ist eins und der Betrachter ist so ewig, wie die Idee. Der ewige Theil unsres Wesens, dessen Vorstellungen ewig sind, der fühlt sich als ein Theil Gottes und bleibt ewig, wie Gott. Wie Spinoza, leugnet auch Schopenhauer die Freiheit des Willens. Er sagt: „Die

Freiheit, d. h. das Belieben zu handeln und zu entscheiden, wie wir wollen, ist Täuschung. Das einzelne Wollen geschieht mit der Gesetzmäßigkeit einer Naturkraft. Das Motiv, das — möchte ich sagen — die stärkste Affinität hat zu dem ein für allemal bestimmten angebornen Charakter, überwiegt die andern und wenn wir sagen, daß wir frei entschieden hätten, so kommt dieser Irrthum aus der Vorstellung, welche zwei Möglichkeiten sieht, aber nicht weiß, daß eine Alternative nach dem angebornen Charakter eintreten muß, so wie wir sagen, daß eine aus dem Gleichgewichte gerathne senkrechte Stange nach der rechten und linken Seite umschlagen kann, weil wir alle die Umstände nicht kennen, welche die Stange nach der einen Seite nothwendig lenken. Auch Spinoza leugnet, daß wir, so lange wir in dem gewöhnlichen, bildlichen Vorstellen befangen sind, ein liberum arbitrium haben, hier läßt auch er die stärkste Vorstellung siegen und der Entschluß ist nur die Lösung der complicirten Gleichung in der $+$ und $-$ sich gegenseitig vermindern und aufheben. Frei sind wir nur, wenn wir allein die Wurzel unsrer Handlungen sind, frei sind wir nur durch Erkenntniß, frei, selig und ewig. Auch Schopenhauer verleiht der schwer lastenden Nothwendigkeit und Unfreiheit zur rechten Zeit Flügel, der unveränderliche Wille wird in seiner höchsten Stufe, dem Menschen, auch frei, der starre Charakter wird flüssig und kann frei aus sich heraus bestimmen, ob er das Leben bejahen oder verneinen will. Von den Ketten des Sklavendienstes für den Willen, von den bloßen Erscheinungen erhob uns die Kunst und zeigte uns die Ideen, von der Nothwendigkeit, wie ein Weberschiff hin und her zu laufen, zwischen Schmerz und Langeweile, befreit uns die intuitiv eingetretene Erkenntniß von der Nichtigkeit der Welt und der daraus folgende Entschluß, den Willen zum Leben zu verneinen, d. h. uns nicht mehr betrügen zu lassen von den täuschenden Motiven, daß hier uns die Geliebte zum Stelldichein erwartet, dort bei einem Aktienunternehmen eine Million zu verdienen ist, daß unser Junge ein Genie werden wird, daß wir in der Villa am Rhein ein Götterleben führen werden, sondern abzudanken, den Dienst im Willen zum Leben zu quittiren und einzutreten in den Stand der Askese, d. h. Einsicht in die Nichtigkeit der Welt, daß mein Wesen auf das Innigste verbunden, ja Eins ist mit dem Wesen aller Dinge und ihr Leiden mein Leiden ist, und deswegen freiwillige Entsagung von dem mächtigsten aller Triebe, der den Willen zum Leben repräsentirt, dem Geschlechtstriebe, und von dem Reichthum, der immer wieder

neue Lockungen ins Leben bietet, freiwillige Keuschheit und Armuth.
Auch Spinoza denkt so: Lust und Unlust an den Außendingen,
Ehre, Reichthum, Wollust lassen ihn gleichgiltig, denn er erstrebt
das, was die Vernunft ihm vorschreibt, Erkenntniß Gottes; auch
Schopenhauer stellt als das höchste Ziel diese Erkenntniß hin,
aber hinter der Erkenntniß liegt bei ihm das große Urnichts, bei
Spinoza das selige Aufgehen in Gott. —

Bei den Betrachtungen Schopenhauer's über das gewöhn=
liche menschliche Leben glaubt man Hiob reden zu hören: „Bin
ich denn ein Meer oder ein Walfisch, daß du mich also ver=
wahrest; wenn ich gedachte, mein Bette soll mich trösten, mein
Lager soll es mir leichtern, so erschreckst du mich mit Träumen
und machst mir grauen, daß meine Seele wünschet erhangen zu
sein und mein Gebein den Tod. Ich begehre nicht mehr zu
leben, höre auf von mir, denn meine Tage sind vergeblich gewesen,
oder: Warum machst du mich, Gott, daß ich auf dich stoße und
bin mir selbst ein Greuel. Willst du wider ein fliegend Blatt
so ernst sein und einen dürren Halm verfolgen? Der Mensch,
vom Weibe geboren, lebt kurze Zeit und ist voll Unruhe. Wie
ein Knecht sich sehnet nach Schatten und ein Jeglicher, daß seine
Arbeit aus sei, so hab ich wohl ganze Monden vergeblich ge=
arbeitet und elende Nächte sind mir viele geworden. Der Tag
müsse verloren sein, darin ich geboren bin und die Nacht, die
man sprach: Es ist ein Männlein empfangen." Erinnern wir
uns nur, daß der lebens= und liebenslustige Shakespeare einen
Timon schrieb, erinnern wir uns nur an Hamlet, und so hat
jeder Mensch, dessen Leben nicht bloß von dem Willen zum
Leben und Genießen bewegt wird, Alle die, welche wir als
Führer der Menschheit verehren, haben ihren Schmerz über das
Leid und den Jammer dieser Welt kund gegeben, und ein Leben,
das nur zwischen Hunger und Liebe hinfließt, ist wirklich ein
nichtswürdiges. Aber Alle haben auch ihre Seligkeit in dem
Kampfe gefunden, das Leben zu ihrem Ideal heranzuziehen, nicht
in Entsagung. Was, fragen wir, wird nun aber aus allen den
gemeinen, boshaften, hämischen, neidischen Gesellen, aus den
Blutsaugern stillen Verdienstes, aus den rücksichtslosen Genuß=
menschen, die für ihr elendes, armseliges Ich die Welt geschaffen
glauben? Wer ist böse, wer ist gut? Schopenhauer sagt, das
Böse ist in uns Allen mehr oder weniger. Es giebt nur
Egoismus oder Liebe, Schuld und Strafe liegen zusammen,
sind eins. Wieder sind die Quellen dieser seiner Ansicht in der
Metaphysik zu suchen. Der Wille ist einer, hieß es da, und

nur durch Raum und Zeit, des principium individuationis, entsteht die Zersplitterung in viele Individuen. Wir sahen, daß Schopenhauer durch die reif gewordene Erkenntniß intuitiv, d. h. durch Gnadenwirkung, dem Menschen die Möglichkeit der Einsicht in diese Täuschung der Vielheit gab. Wer diese Einsicht nicht hat, sondern den Willen in sich allein setzt, Alles Andre für ihn nur daseiend hält, bejaht den Willen zum Leben in sich auch auf Kosten Andrer, ist ein Egoist. Er macht seine Existenz zum Mittelpunkte der Welt, opfert seinem Wohlsein Alles Andre, ist bereit, die Welt zu vernichten, um nur sein eignes Selbst, diesen Tropfen im Meer, etwas länger zu erhalten. Diese große Heftigkeit des Willens ist an und für sich eine Quelle des Leidens, weil alles Wollen aus Mangel entspringt, und dann, weil durch den causalen Zusammenhang der Dinge die meisten Begehrungen unerfüllt bleiben müssen. Deshalb trägt der Gesichtsausdruck sehr böser Menschen oft das Gepräge des innern Leidens. Durch die Erfüllung ändert der Wunsch nur seine Gestalt, quält nun unter einer andern, und wenn alle erschöpft sind, bleibt das Gefühl der entsetzlichsten Oede und Leere. Dazu kommt noch die Gewissensangst, d. h. der Schleier der Täuschung zerreißt, der Böse erkennt, daß sein Wesen eins ist mit den Individuen, die durch ihn unzählbare Qualen erleiden, und entsetzt sich darüber, wie fest er sich an das Leben gesogen hat, das Leben, dessen schreckliche Qualen er in den Qualen der von ihm Unterdrückten vor sich sieht. Der Gute dagegen ist von dem Blendwerke der Maja geheilt, erkennt sein Selbst in jedem Wesen, folglich auch in dem Leidenden, er macht keinen Unterschied mehr zwischen sich und Andern, und zu jedem Wesen sagt er: Tat twam asi: Dieses bist du. Aus dieser. Erkenntniß fließt nothwendig auch die Gesinnung der Liebe, die unser Herz, indem sie uns rings Verwandtes und Befreundetes zeigt, erweitert, während der Egoismus rings von. Hindernissen und Gefahren umgeben, unser Herz einengt. Diese Liebe aber muß sich als Eins fühlen mit allem Andren, muß Mitleid sein, da Leiden das Wesen des Lebens ist. Der Gipfel aber dieser, das Principium individuationis durchschauende Gesinnung ist, daß die Erkenntniß des ganzen Wesens der Dinge zum Quietiv alles und jeden Wollens wird, d. h. daß man aufhört zu wollen, es entsteht ein Abscheu vor dem Wesen, dessen Ausdruck seine eigne Erscheinung ist, dem Willen zum Leben, dem Kern und Wesen einer als jammervoll erkannten Welt, es tritt die Verneinung des Willens zum Leben ein, völlige Selbstverleugnung und

*3

Entsagung, d. i. der Zustand der Heiligkeit. Zwar vermag
dieser Entschluß das physische Leben selbst nicht aufzuheben,
aber dieses schwindet, wie die Blumenblätter, wenn die Frucht
sich entwickelt. Was bleibt übrig? Nichts. Denn die Selig=
keit, sagt Schopenhauer, kennen wir nur negativ als Freisein
von dem Unheil des Willens, sowie Glück das Aufhören von
Leiden, Recht die Negative von Unrecht, Freiheit nur die
Negative von Nothwendigkeit ist. Wir sehen nach aufgehobnem
Willen die Welt zerfließen und behalten für unsre Begriffe nur
das leere Nichts, aber der Siegesglanz, der auf den Gesichtern
derer glänzt, die überwunden haben, zeugt davon, daß sie das
wahre Ziel erreicht haben, der Siegesglanz, wie ihn Schopen=
hauer auf dem Gesichte des Christuskindes der Rafael'schen
Madonna beschreibt:

  Sie trägt zur Welt ihn, er schaut entsetzt in ihrer
Greuel chaotische Verwirrung, in ihres Tobens wilde Raserei,
in ihres Treibens nie geheilte Thorheit, in ihrer Qualen nie
geheilten Schmerz. Entsetzt doch strahlet Ruh' und Zuversicht
und Siegesglanz sein Aug', verkündigend Schon der Erlösung
ewige Gewißheit.

  Suchen wir nun den Schlüssel zu Schopenhauer's Ansichten,
so liegt dieser zumeist und zunächst in seiner Persönlichkeit, seine
Philosophie ist eine Philosophie des Temperamentes. Er ist
eine durchaus disharmonische Natur ohne Selbstzucht und ohne
Maß. Man sieht überall den unruhigen, ungeduldigen Faust,
der in seiner Verzweiflung, die Harmonie des Lebens zu finden,
rücksichtslos Alles verflucht, auch die höchsten Güter des Menschen,
und den Labebecher zertrümmert, weil er sich unmäßig damit
berauscht hat: „Fluch sei dem Balsamsaft der Trauben, Fluch
jener höchsten Liebeshuld, Fluch sei der Hoffnung, Fluch dem
Glauben und Fluch vor Allem der Geduld." Er ist ein Kind
jener Zeit, die in abstrakten Ideen schwelgte, die Ideal und
Wirklichkeit oft vergebens zu versöhnen suchte (confer. Götter
Griechenlands von Schiller), er ist noch angesteckt von dem
Göthe'schen Quietismus, der sich vor jeder praktischen Aufregung
scheut und für das Geschichtliche keinen Sinn hat, seinem Leben
und seiner Philosophie fehlt die That. Zu allen Zeiten hat es
Männer gegeben, die durch ihre intellektuelle Kraft und die Ge=
walt ihrer Leidenschaften ihre Zeitgenossen weit überragten, und
denen es nothwendigerweise so ergehen muß, daß sich der
Schwarm der trägen und nur von sinnlichen Anregungen in
Bewegung zu setzenden Köpfen an ihnen ärgert, daß ihr

Gedankenreichthum den Zinsbauern im Reiche der Ideen ganz
unerträglich ist. Jeder, der es nach innrer Wiedertaufe unter=
nimmt, die Regeln der Schule von sich abzuschütteln und ein
eignes Herz zu haben, sein Leben nach eignen Grundsätzen und
nach hohen Mustern einzurichten, findet Widerstand in seinem
Volke, muß immer wieder den stehenden Sumpf in Bewegung
setzen und immer von Neuem das träge Rad treiben, das Lust
hat, den entgegengesetzten Lauf zu nehmen, wenn der Anstoß
aufhört. Aber dafür sind dies die gebornen Könige der Welt,
die Führer des Volks, und wer Andre wohl zu leiten strebt,
muß Manches zu entbehren wissen, muß durch diesen Widerstand
durchgehen, muß sich im Kampfe läutern, muß denken, daß seine
Kraft nicht ihm, sondern seiner Nation gehört, und da wird die
Versöhnung mit der Wirklichkeit nach und nach kommen, oder
wenigstens ein Zustand des Geichgewichts und der Resignation,
die Waffen aber von sich werfen und wie Achill zürnen, ziemt
sich nicht für den reifen Mann. Schopenhauer hat sein Leben
lang ein aufopferndes, liebendes Herz gefehlt, seine Mutter besaß
dies nicht und eine Frau wie Fidelio hat er nicht gefunden; er
war zu spröde, und mißtrauisch, andererseits zu sehr von sich
eingenommen, zu eitel, um mit der Welt leben zu können.
Endlich verachtete er jede Klugheitsmaßregel und rannte mit dem
Kopfe beständig gegen die Hindernisse an, um bald wieder sich
auf sich zurückzuziehen. All dies zusammen mit seiner tiefen
spekulativen Neigung machte ihn einsam, weltverachtend, unglücklich.

 Seine Philosophie aber selbst fällt in drei Richtungen aus
einander, nämlich 1) der Kant'sche Kriticismus, 2) Fatalistischer
Naturalismus, 3) Platonischer Idealismus, die sich einander
widersprechen.

 Schulze hatte Kant schon nachgewiesen, daß es inconsequent
sei, ein „Ding an sich" anzunehmen. Das Causalitätsgesetz gilt
nur für die Erscheinung, wie kann man noch nach einem Grunde
der Erscheinung fragen? Schopenhauer aber glaubte auf psycho=
logischem Wege dies „Ding an sich" gefunden zu haben, das
er nun auf die ganze Natur analogisirend als Weltprincip an=
nimmt. Dies ist schon ein Widerspruch zu seiner Erkenntniß=
theorie. Dieser Wille soll nun einer sein, Vielheit nur Erschein=
ung, aber Vielheit ist schon vor dem Intellekt da, er soll blind
sein, handelt aber zweckmäßig und wird zuletzt sogar selbst be=
wußt und frei, um über Sein oder Nichtsein zu entscheiden, das
Individuum war erst nur eine irrelevante Erscheinung, soll aber
doch zuletzt die Erlösung vollbringen. (Ein Widerspruch, den er

mit Spinoza gemein hat.) Endlich, wie kommt der Wille, der allmächtige, blinde, eine, zu den Ideen, den Vertretern der Zweckmäßigkeit und Schönheit? Wieder ein klaffender Spalt.

Wie steht es nun mit dem Pessimismus? der Ansicht, daß diese Welt die möglichst schlechte sei? Der Wille ist unvernünftig und blind, er kann also keine Vorsehung, keine Gerechtigkeit üben, und so muß seine Schöpfung, die Welt, schlecht sein. Am Schlechtesten befindet sich der, welcher ein starkes Begehren hat. Also wir müssen, um uns zu befreien, resigniren. Aber wozu denn so radical? Wozu das Kind mit dem Bade ausschütten? Wir sollen, sagt Spinoza, uns nur nicht abhängig machen von unsren sinnlichen Bedürfnissen, wohl aber die sinnliche Welt mäßig genießen, als höchstes Glück ist Jedem, der Geisteskraft genug hat, ja die Welt der Ideen geblieben, die uns unmittelbar von der Knechtschaft befreit und uns positiv glücklich macht. Seinen dritten Theil mußte Schopenhauer an den Schluß setzen. Hier ist positives Glück, hier ist Gewähr der Dauer, hier ist Ewigkeit des Individuums. Also das Heilmittel gegen den übereilten Schluß Schopenhauer's ist zu suchen in dem Cap. Spinoza's: Ueber die menschliche Freiheit. Derjenige aber, welcher über die schlechte Welt noch so erbittert schimpfen kann, hat eben die Welt noch nicht überwunden, sondern ist von den Dingen überwunden.

Wohl ist es wahr, daß es Elend und Jammer in dieser Welt vielmehr als Glück und Freude giebt, daß die Menschen in großer Mehrzahl unwürdig ihrer Idee sind, daß Eigennutz und Lüge unsre gesellschaftlichen Zustände beherrschen, es ist wahr, daß im Leben der mehr geachtet ist, der in dem gewöhnlichen Schlendrian den Schein der Pflichterfüllung wahrt, als der, welcher wirklich etwas thut, aber vielleicht nicht ganz in hergebrachten Formen, es ist wahr, daß in dem Getriebe der Welt ideale Interessen keinen Platz haben, Klugheit allein Erfolg sichert, und daß weltgeschichtliche Charakter, die ihr Gewissen mit den greulichsten Unthaten beladen haben, ein glückliches Dasein bis ans Ende scheinbar genossen haben, es ist wahr, daß maßgebende Persönlichkeiten ganz schamlos gegen Einflußlose die schreiendsten Ungerechtigkeiten üben und achselzuckend sagen: Do ut des; täglich sieht man die blinde Menge Leute verehren, die ein kleines Talent von früh an klug ausgenutzt haben, zwar scharf und klar, aber ohne alle Tiefe und Originalität, täglich sieht man das blödsinnige Volk mit schweifwedelnder Ehrfurcht vor falschen Titeln das Knie beugen und die Reklamemacher

und Rabulisten verehren, während sie die wahren Kämpfer um
die Wahrheit verlachen, dem aber steht Allem gegenüber Christi
Spruch: Lasset die Todten ihre Todten begraben; die Welt
belohnt den, der ihr nach ihrer Weise dient und sie betrügt,
und steinigt die Apostel des Wahrheit. Willst du aber, Apostel
der Wahrheit, von diesen Leuten belohnt werden? willst du in
ihr System der Lüge hinein? Hast du geforscht, hast du ge-
redet, um eine fette Stelle zu bekommen? Gehe hin und ent-
sage, denn du hast Brod, das auf immer sättigt. Es ist ferner
gewiß wahr, daß uns die Weltgeschichte die schwersten Verirr-
ungen menschlicher Vernunft und die entsetzlichsten Unthaten der
Menschen gegen ihr eignes Geschlecht zeigt, daß uns die Cultur-
geschichte lehrt, wie immer das Platte, Abgeschmackte und Ober-
flächliche sich verdrängt, das Edle und Weise selten Gehör
findet, das Treffliche immer nur eine Ausnahme ist, gewiß ist
auch, daß die meisten Menschen, wenigstens solche, die das
Schicksal in die Schule des Leidens schickte, ein tiefes Gefühl
der menschlichen Unzulänglichkeit und eine unendliche Sehnsucht
aus den Wirren dieses Lebens heraus nach Frieden haben, gewiß ist, daß eine Reihe von bedeutenden und großen Menschen
diesem Zug ins Unendliche sich ganz hingegeben haben, wie uns
die Beispiele der Askesen und schönen Seelen lehren, die die
Angst ihr ewig Theil im Leben zu verlieren und eine unaus-
sprechliche Sehnsucht, ihr Herz rein zu machen, aus dem gewöhnlichen zu einem neuen ganz ihrem Ideal gewidmeten Leben trieb,
aber alledem steht die positive ins Leben zurückweisende Seite
entgegen, wie der lustige, schmetternde Marsch des vom Friedhof
zurückkehrenden Regimentes dem dumpfen Trommelwirbel der
Leichenbegleitung. Leben heißt ein Kämpfer sein. Die Natur
ist nicht nur das Böse, von der Natur Abgefallne, nein, sie ist
das zu Gestaltende, zu Bildende, Leiden aber sind der Prüfstein
eines edlen und großen Herzens und Leiden läutern den natür-
lichen Menschen, daß er vom Nichtigen, Kleinen, Gemeinen, sich
zum Großen und Bleibenden erhebe, die Geschichte aber betrachten wir als eine beständige Fortentwickelung der Menschheit
— und einer geschichtlichen Idee, die man für recht erkannt hat,
mit allen Kräften zu dienen und sie in das Leben seines Volkes
hineinzuarbeiten, ist eine schöne Lebensaufgabe. Wie das
Schlachtroß bei dem Schall der Drommete ungeduldig den Boden
zertritt und schnaubt und in den Zügel knirscht vor Kampfeslust,
so erfüllt auch unsere Brust Lebensmuth und Freudigkeit zum
Kampfe für die Menschheit, er erfüllt unsre Brust ebenso, wie

eine bodenlose Verachtung der genußsüchtigen, thierischen Masse, die Jeden, den sie nicht begreifen, zum Don Quixote machen. Uns erfüllt auch, wie die Schopenhauer'sche Philosophie, die Sehnsucht, für Andere uns aufzuopfern im Sinne unsrer Idee, aber nicht für den Tod, sondern für das Leben. Auch wir haben großes Mißtrauen in die Gesinnung der meisten Menschen gesetzt, aber wir glauben noch an uneigennützige Liebe und hohe Freundschaft, nicht Todes-, sondern Lebensgemeinschaft; wir wissen aber sogar, daß nach all dem Kampfe und heißer Tages- arbeit uns ein süßer Trost erwartet, der Frieden, Freude, Be- geisterung bringt, nämlich die Anschauung der platonischen Ideen, Beschäftigung mit Kunst und Wissenschaft. So stehen wir mit festen, markigen Knochen auf der wohlgeründeten dauernden Erde, das Auge aber nach oben gerichtet; wir wissen nicht, von wannen wir kommen, wissen nicht, wohin wir gehen, wissen wohl, daß wir sterben müssen, aber wir fühlen in uns das Walten einer höhern Macht und glauben an den Sieg des Guten, Schönen, Wahren in dieser Welt. So lange wir leben, kämpfen wir gegen das Böse in uns und Andern und streben Leiden zu mildern, Elend zu trösten, unser Leben aber selbst durch jene Ideen zu einem Kunstwerk zu gestalten, würdig des großen Kunstwerkes der Natur, das uns umgiebt.

Sterben wir, so geben wir gern die enge, arme Indivi- dualität hin an das All, wohlwissend, daß hinter uns wieder Rächer und Retter erstehen, die den Kampf mit frischern Kräften und beßren Gaben aufnehmen.

www.ingramcontent.com/pod-product-compliance
Lightning Source LLC
Chambersburg PA
CBHW021438090426
42739CB00009B/1532